O COMPLEXO RACIAL

Dados Internacionais de Catalogação na Publicação (CIP)
(Câmara Brasileira do Livro, SP, Brasil)

Brewster, Fanny
  O complexo racial: questões raciais e culturais sob a perspectiva junguiana / Fanny Brewster ; tradução de Letícia Meirelles. – Petrópolis, RJ : Vozes, 2025.

  Título original: The racial complex.

  1ª reimpressão, 2025.

  ISBN 978-85-326-7073-1

  1. Cultura – Aspectos psicológicos 2. Identidade racial 3. Jung, C.G. (Carl Gustav), 1875-1961 4. Psicologia analítica 5. Psicologia junguiana I. Título.

24-233443   CDD-150.1954

Índices para catálogo sistemático:
1. Psicologia junguiana   150.1954

Eliete Marques da Silva – Bibliotecária – CRB-8/9380

FANNY BREWSTER

O COMPLEXO RACIAL

QUESTÕES RACIAIS E CULTURAIS
SOB A PERSPECTIVA
JUNGUIANA

Tradução de Letícia Meirelles

Petrópolis

© 2020, Fanny Brewster.
Tradução autorizada da edição em língua inglesa, publicada pela Routledge, membro da Taylor & Francis Group.

Tradução do original em inglês intitulado
The Racial Complex – A Jungian perspective on culture and race.

Direitos de publicação em língua portuguesa – Brasil:
2025, Editora Vozes Ltda.
Rua Frei Luís, 100
25689-900 Petrópolis, RJ
www.vozes.com.br
Brasil

Todos os direitos reservados. Nenhuma parte desta obra poderá ser reproduzida ou transmitida por qualquer forma e/ou quaisquer meios (eletrônico ou mecânico, incluindo fotocópia e gravação) ou arquivada em qualquer sistema ou banco de dados sem permissão escrita da editora.

CONSELHO EDITORIAL

Diretor
Volney J. Berkenbrock

Editores
Aline dos Santos Carneiro
Edrian Josué Pasini
Marilac Loraine Oleniki
Welder Lancieri Marchini

Conselheiros
Elói Dionísio Piva
Francisco Morás
Teobaldo Heidemann
Thiago Alexandre Hayakawa

Secretário executivo
Leonardo A.R.T. dos Santos

PRODUÇÃO EDITORIAL

Anna Catharina Miranda
Eric Parrot
Jailson Scota
Marcelo Telles
Mirela de Oliveira
Natália França
Priscilla A. F. Alves
Rafael de Oliveira
Samuel Rezende
Verônica M. Guedes

Editoração: Rafaella Nóbrega Esch de Andrade
Diagramação: Editora Vozes
Revisão gráfica: Heloísa Brown
Capa: Érico Lebedenco

ISBN 978-85-326-7073-1 (Brasil)
ISBN 978-0-367-17770-6 (Reino Unido)

Este livro foi composto e impresso pela Editora Vozes Ltda.

Dedicado ao meu pai e aos antepassados.

Sumário

Agradecimentos, 9
Prefácio, 11

1 – Introdução, 13
2 – A natureza dos complexos, 23
3 – O complexo racial, 41
4 – Infância: A formação de complexos psicológicos, 65
5 – Uma constelação cultural, 81
6 – Arquétipo, sombra e complexo, 99
7 – Cultura e "raça", 123
8 – Trauma cultural e complexo racial, 141
9 – Transferência e contratransferência, 159
10 – Emergência da queixa ao luto: As artes literárias, 171
11 – Cinema americano: Corra!, 191
12 – O paradoxo da raça e do racismo, 205
13 – Curando os traumas cultural e racial, 215

Reflexões finais, 227
Referências, 235
Índice, 239

Agradecimentos

Gostaria de agradecer às Sociedades C.G. Jung, aos Institutos de Psicoterapia, ao Instituto Salomé de Portland, Oregon, aos Institutos C.G. Jung, a Jolinda Osborne e Satya Doyle Byock. Todos me receberam para fazer parte de seus programas analíticos públicos de treinamento. Generosamente, abriram suas portas para mim enquanto nos envolvíamos no material deste livro. Agradeço tamanha generosidade, a qual me deu espaço e tempo para conversar sobre este livro enquanto estava sendo desenvolvido.

Agradeço a Samuel Kimbles por sua generosidade de espírito ao escrever o prefácio do meu livro e por seu trabalho pioneiro em *Phantom narratives: The unseen contributions of culture to psyche*.

Os analistas junguianos que contribuíram profundamente com a escrita deste livro incluem membros das minhas afiliações analíticas locais: Associação de Analistas Junguianos da Filadélfia e o Instituto C.G. Jung de Los Angeles. Agradeço a eles por todo o apoio carinhoso.

Agradeço a Matthew Silverstein, da Universidade Antioch, Los Angeles, por sua confiança e espírito ao acreditar no que compartilhamos em nossos encontros comunitários e na contribuição de sua comunidade para este livro.

Desejo agradecer aos membros do corpo docente e da comunidade da Pacifica Graduate Institute, os quais foram generosos ao me receber na família Pacifica como docente e, ao fazê-lo, me proporcionaram a energia positiva necessária para produzir este livro.

Minha gratidão a Sylvia Perera por tudo o que generosamente me ofereceu.

Tem sido um presente ter Christine Lewis e Sukey Fontalieu em minha vida enquanto exerço o trabalho de escritora. Obrigada.

Agradeço a Andrew Samuels por seu constante apoio.

Susannah Frearson, minha editora na Routledge Publishing, ofereceu orientação consistente e valiosa, pela qual sou muito grata.

Prefácio

No livro *O complexo racial: Questões raciais e culturais sob a perspectiva junguiana*, Dra. Fanny Brewster compartilha suas reflexões sobre como o inconsciente racial funciona na psicologia analítica, em sua literatura e em seus programas de treinamento. Ela introduz o complexo racial e desenvolve ideias sobre ele por meio da teoria dos complexos de Jung. Usar essa teoria, permite a ampliação, o aprofundamento e a abertura para nossas experiências raciais inevitáveis na América em geral, mas mais especificamente ressalta o silêncio e a evitação que Dra. Brewster notou operando no contexto histórico da psicologia analítica, suas teorias e programas de treinamento. Ela diz em sua introdução:

> Posso dizer com certeza que a ideia minimalista de Jung de um complexo racial nunca foi discutida como parte de meu treinamento analítico ou em qualquer lugar da comunidade junguiana na minha presença, exceto quando tentei abordar o assunto em discussões de treinamento de candidatos sobre os escritos de Jung.

Ao compartilhar sua experiência profissional e pessoal como analista junguiana e candidata, Dra. Brewster lança luz sobre as dinâmicas raciais que operam tanto em segundo plano quanto à vista em nossas teorias psicológicas e em nossa cultura coletiva americana em geral. Usar a teoria dos complexos permite que ela abra as cortinas de nossos olhos, ao mesmo tempo que nos possibilita nos vermos no contexto dessas forças culturais dinâmicas por meio do que ela identifica como o complexo racial.

Questões de racismo institucional e injustiça social mascaradas por privilégios são discutidas, ampliando nosso conhecimento sobre as características culturais de um complexo racial coletivo. Ao associar o termo complexo racial a outros conceitos junguianos, como a sombra e os arquétipos, Dra. Brewster reconhece o trauma cultural, os complexos culturais e, muito importante, o potencial para abordar a cura cultural.

Sam Kimbles
Autor de *Phantom narratives:*
The unseen contributions of culture to psyche.

1
Introdução

O complexo racial: Questões raciais e culturais sob a perspectiva junguiana explora e reimagina a teoria dos complexos de C.G. Jung em relação a um complexo racial preto e branco por meio de uma perspectiva junguiana africanista. Na prática da psicologia junguiana e na sociedade americana, houve muito reconhecimento clínico e social em relação aos complexos parentais, ao complexo de culpa e a vários outros complexos – até mesmo um complexo de princesa Cinderela. Jung mencionou muito brevemente os complexos raciais em seu ensaio *As complicações da psicologia americana* (1930):

> Assim como o homem de cor vive nas cidades de vocês e mesmo dentro das casas de vocês, também vive debaixo da pele de vocês, subconscientemente. Isto naturalmente atua nos dois sentidos. Assim como todo judeu tem um complexo de Cristo, o negro tem um complexo de branco, e todo americano tem um complexo de negro (OC 10/3, § 963).

No entanto, não houve literatura junguiana específica abordando esse complexo pelo nome – como um complexo racial, com duas exceções contemporâneas. Essas exceções incluem o texto orientado para o grupo de Samuel Kimbles (2014), intitulado *Phantom narratives: The unseen contributions of culture to psyche*, com sua extensa escrita sobre o complexo cultural e etnia, e Michael Vannoy Adams (1996), que escreveu *Multicultural imagination: "Race," color, and the unconscious.*

Michael Vannoy Adams produziu um texto profundamente investigativo sobre o tratamento da etnia relacionada ao povo africano dentro dos escritos de Jung e de teorias selecionadas da psicologia junguiana. Quando o livro de Adams foi publicado pela primeira vez, durante o tempo de nosso treinamento para nos tornarmos analistas junguianos, lembro-me de abordá-lo e repreendê-lo por ter escrito um livro semelhante ao que eu havia imaginado escrever. Michael estava alguns anos mais à frente do que eu em nosso programa. De repente, ele riu e eu também. Provavelmente, ele riu da minha presunção de ter pensado em escrever um livro desses. Talvez ele estivesse apenas feliz por ter uma discussão comigo sobre seu livro e satisfeito por ter escrito um texto inovador em um momento aparentemente ainda provinciano em nosso instituto de treinamento junguiano – no início dos anos 2000. Sou muito grata pelo livro de Michael – mais agora do que naquela década inicial, quando a palavra "raça" ainda era discutida apenas em nosso instituto de treinamento no contexto da Obra Completa e apenas como parte de um modelo teórico para o inconsciente de Jung. "Raça" era uma palavra e conceito apenas permitidos como uma consideração em nossas discussões conforme escritas por Jung em sua referência ao povo africano como "primitivo" na Obra Completa. Não havia discussão em sala de aula sobre o preconceito racial inerente na escrita de Jung, expresso em relação aos africanos na formulação de sua teoria dos cinco estágios de consciência e hierarquia de inteligência, com brancos no topo e negros na base. Não havia ensino no programa de treinamento analítico que tentasse desconstruir a psicologia junguiana e torná-la inclusiva no reconhecimento da diversidade étnica de nosso coletivo americano.

Ao pensar sobre o que Jung definiu como nossos "complexos negro e branco", lembro-me daqueles anos de treinamento para me tornar uma analista junguiana, quando me senti constelada – emocionalmente perturbada, ativada, chocada – ao ler e discutir seu ponto de vista sobre os africanos. Olhando para trás, percebo com muito mais clareza que não havia absolutamente nenhum lugar de conversa dentro do ambiente de treinamento para contestar a palavra de Jung ou para falar do meu próprio desconforto ao ver as pessoas africanas rotuladas como selvagens e primitivas. Essa é uma das razões pelas quais agora desejo me envolver com a linguagem junguiana racializada e ideias da Obra Completa (Brewster, 2017).

Como podemos decifrar uma linguagem que é dolorosamente insultante e depreciativa para culturas selecionadas se não tivermos discussões abertas sobre esse tipo de linguagem? O código de silêncio que dominava o treinamento em meu instituto de treinamento junguiano impediu tais discussões. Helen Morgan (2008), analista junguiana britânica, diz o seguinte em seu artigo "Issues of 'race' in psychoanalytical psychotherapy: Whose problem is it anyway?", publicado no *British Journal of Psychotherapy*:

> Embora todo tipo de relações de poder diferenciadas prevaleça dentro de qualquer sociedade, o que inevitavelmente reverbera por todas as suas instituições, estou me concentrando apenas na questão do racismo relacionado à cor. Isso se deve ao fato curioso de que essa diferença é, por definição, tão visível e, no entanto, parece que somos tão cegos para ela. O que poderia ser considerado um problema bastante

ruidoso tem um tipo particular de silêncio, de modo que nós, nas instituições psicanalíticas, parecemos incapazes de falar sobre isso conosco mesmos. Afinal, raramente hesitamos em falar e pensar sobre outros assuntos que parecem inexprimíveis e presumimos que o dano está sendo causado não apenas àquilo sobre o que não se fala, mas também à pessoa que está em silêncio. Levantar a questão do que nós, psicoterapeutas brancos, perdemos quando falhamos em falar sobre esse assunto não é apenas uma preocupação pela falta de riqueza na composição cultural de nossas instituições, mas algo mais sutil, mais danoso, um empobrecimento emocional e intelectual real da psique "branca" (p. 34-49).

Pensando nos tempos do instituto de treinamento analítico, agora também percebo que um aspecto desse código de silêncio era sua natureza proibitiva contra linguagem ou comportamentos que ativavam quase qualquer complexo – realmente não importava qual complexo estava começando a se mostrar ou a ser constelado. Todos os sentimentos e reações desconfortáveis deveriam ser levados ao analista. Eles nunca deveriam ser identificados ou reconhecidos dentro do ambiente de treinamento em sala de aula. No meu instituto, não havia experiência de processamento em grupo, exceto por um retiro anual de fim de semana. Tipicamente, durante esse retiro, surgiam questões de sombra entre os candidatos que haviam sido contidas pela estrutura da política do instituto contra discussão aberta durante nossas aulas semanais e treinamentos de supervisão em grupo. Como resultado do tempo de três dias juntos no retiro, mais material inconsciente era ativado, mas lançado para a sombra no retorno ao treinamento na segunda-feira seguinte. Simplesmente não havia lugar para trabalhar qualquer material psicológico intenso com os colegas ou professores de treinamento analítico – os quais haviam passado pelo mesmo programa de treinamento analítico, geralmente no mesmo instituto.

Posso afirmar com certeza que a ideia minimalista de Jung sobre um complexo racial nunca foi discutida como parte de meu treinamento analítico ou em qualquer lugar dentro da comunidade junguiana na minha presença, exceto quando tentei abordar o assunto em discussões em sala de aula sobre os escritos de Jung. Posso também dizer que não houve tentativa de desacreditar ou corrigir as teorias raciais de Jung em relação ao povo africano ou mesmo sua linguagem racializada negativa. Escolho escrever sobre a teoria dos complexos de Jung, porque ela permite uma revisão para o nosso coletivo americano em termos de raça, racismo e a formação psicológica e prática da psicanálise. Espero que também permita a inclusão de uma ideia psicológica – a de um complexo racial, que inadvertidamente promove o racismo por sua própria natureza, encontrando seu caminho para uma discussão geral em nosso coletivo americano.

Um dos principais preceitos de Jung é que devemos estar dispostos a entrar na escuridão – no lugar onde nos sentimos muito desconfortáveis e onde devemos fazer as perguntas mais difíceis. Acredito que, como americanos, permanecemos nessa escuridão e ainda estamos lutando para encontrar maneiras de mediar todos os aspectos do racismo em nossa sociedade. Discussões sociais sobre racismo, especialmente entre brancos e negros, têm sido inexistentes por décadas, com poucas exceções de erupções de complexo cultural. Ignorar nossos problemas e crises raciais culturais profundamente inconscientes, seja europeu, do Oriente Médio ou americano, não os fez desaparecer.

Cada capítulo de *O complexo racial: Questões raciais e culturais sob a perspectiva junguiana* apresenta diferentes visões do complexo racial, historicamente não examinado, e a polarização que existe nas relações psicológicas entre negros e brancos, conforme evidenciado pelo racismo americano em áreas selecionadas da vida americana.

O livro explora a teoria dos complexos de Jung e examina seus componentes – incluindo as ideias expressas por Jung sobre as relações raciais americanas, as quais ele indicou como parte das "complicações da psicologia americana".

No capítulo 2, *A natureza dos complexos*, o ensaio de C.G. Jung, *Considerações gerais sobre a teoria dos complexos*, fornece o quadro sobre o qual construí o desenvolvimento narrativo do conceito de um complexo racial. Esse capítulo sobre a teoria dos complexos espelha, destaca e aprofunda nossa compreensão de como processos psicológicos inconscientes, como os complexos, influenciam nosso pensamento de consciência do ego e nossas interações comportamentais humanas coletivas.

O capítulo 3, *O complexo racial*, introduz e expande o conceito de complexo racial, conforme percebido de um ponto de vista africanista. A referência de Jung a um complexo racial americano foi mínima – quatro frases – e nunca totalmente explorada em sua Obra Completa. Muitos complexos – como os complexos edipianos, parentais – tornaram-se marcadores clínicos importantes na psicologia junguiana. A ausência de discussão sobre um complexo racial reflete nossa relutância em lidar diretamente com esse complexo em um nível coletivo em nossos institutos – sejam eles institutos de treinamento psicológico americanos ou instituições de ensino superior. Esses parecem ser os lugares mais disponíveis para discussões sobre racismo no campo da educação e onde identifiquei os efeitos negativos de um complexo racial. O complexo racial americano é discutido no capítulo 2 como um complexo igualmente importante em comparação a complexos psicológicos mais familiares.

O capítulo 4, *Infância: A formação de complexos psicológicos*, discute a infância, os envolvimentos parentais e culturais e o período inicial da vida, quando os complexos raciais podem começar a ser formados e moldados por influências ambientais.

O capítulo 5, intitulado *Uma constelação cultural*, revisa e explora eventos históricos e sociais que exemplificaram momentos americanos de tensões raciais e erupções do complexo racial.

O capítulo 6 do livro, *Arquétipo, sombra e complexo*, considera a Sombra arquetípica como central e fundamental para o complexo racial. Essa energia arquetípica, com sua constelação emocional, pode resultar em atos individuais e/ou coletivos de agressão e ódio, baseados na falta de consideração de como um complexo racial – assim como os outros complexos – toma posse e controle do funcionamento do ego. Ao reconhecer a Sombra e o que possivelmente está oculto nessa escuridão arquetípica, geralmente nos deparamos com aquilo que desejamos evitar ou do qual realmente carecemos de conhecimento psicológico. O capítulo descreve constelações de complexos psíquicos e como elas se mostram de maneiras tanto conscientes quanto inconscientes.

O capítulo 7, *Cultura e raça*, explora como nossa cultura nos diferencia como pertencentes a um grupo e estabelece parentesco entre membros da família e entre membros do grupo, mostrando a conexão entre indivíduos que formam um grupo, e como os complexos raciais nos formam, sendo uma parte intrincada de como existimos como americanos dentro de nossas diferentes culturas étnicas.

O capítulo 8, *Trauma cultural e o complexo racial*, delineia a narrativa do livro, mostrando a tensão dialógica entre trauma cultural e complexos culturais. Esses marcadores das relações americanas entre negros e brancos coexistem como um paradoxo americano que promoveu formas ativas de racismo – como a Ku Klux Klan, por exemplo. O contraponto pela justiça social também evoluiu e criou movimentos políticos como o Movimento pelos Direitos Civis.

A transferência é um aspecto muito importante do trabalho clínico psicanalítico junguiano. No capítulo 9, *Transferência e contratransferência*, são desenvolvidas questões da relação entre clínico e cliente, as quais surgem como resultado de complexos raciais constelados no campo transferencial. Discussões relevantes incluem como a etnia pode se tornar tanto uma questão sombreada inconsciente dentro do ambiente clínico quanto mostrar sua presença por meio do racismo no coletivo em geral. Qual é a relação não dita que se desenvolve quando a raça nunca é mencionada e tratada como cegueira para a cor tanto pelo paciente quanto pelo terapeuta ou por ambos?

No capítulo 10, *Emergência da queixa para o luto*, a conexão entre o sofrimento psicológico da queixa devido ao dano racial (racismo) e os comportamentos de grupo que se desenvolvem em reação a esse sofrimento são discutidos. O capítulo revisa um eu criativo/político que se desenvolve devido a essa queixa racial, como mostrado em indivíduos, por exemplo poetas do Movimento das Artes Negras.

O capítulo 11, *Cinema americano: Corra!*, reconhece o cinema americano como uma tela histórica para visualizar complexos raciais e relações raciais americanas. Esse capítulo examina um filme critica e socialmente bem-sucedido, *Corra!*, o qual mostra como o cinema capturou a imaginação e a imagem dos complexos raciais culturais branco e negro.

Jung afirmou que devemos ser capazes de conviver com paradoxos, o que é um modo de permanecer "são" em um mundo "insano". O capítulo 12, *O paradoxo da raça e do racismo*, propõe que o racismo é inerentemente paradoxal em vários aspectos, começando e incluindo sua demanda de que diferentes grupos étnicos sejam de raças diferentes, quando, na verdade, somos apenas uma raça. Uma discussão sobre os paradoxos do racismo mostra o quão psicologicamente difícil é conviver com complexos raciais enquanto entendemos e vivemos dentro de um quadro societal americano paradoxal de racismo.

Na escrita da teoria dos complexos, Jung nos informa que os complexos são eternos – aprendemos sobre eles e nos ajustamos a eles, de modo que estão sempre presentes em nosso inconsciente até se tornarem conscientes por meio de uma erupção. O capítulo 13, intitulado *Curando os traumas cultural e racial* , explora os complexos raciais como um estado psicológico contínuo do qual podemos nos tornar mais conscientemente cientes. Por meio da exploração, questionamos como avançar na direção da cura pessoal, cultural e coletiva, sabendo que os complexos nunca cessam de existir no inconsciente.

Parece importante preencher o que aparentam ser lacunas conscientes e/ou inconscientes na literatura pós-junguiana do século XXI, na prática clínica junguiana americana, no currículo dos programas de treinamento psicanalítico e no campo geral da psicanálise/psicologia americana, em relação ao complexo racial e sua conexão com o racismo americano. A notável ausência, e talvez evitação, da discussão de um complexo racial dentro do campo da psicologia americana parece evidente, especialmente hoje, quando continuamos a nos encontrar lutando para definir e reparar as relações raciais americanas quebradas.

Talvez uma exploração da teoria dos complexos de Jung, com uma perspectiva mais profunda sobre o complexo racial e os problemas subsequentes do racismo americano, aumente nosso autoconhecimento psicológico individual, bem como a compreensão coletiva daqueles que consideramos nosso "outro" racial. O complexo racial identifica a relação entre questões psicológicas de racismo e complexos raciais historicamente não investigados que podem se constelar dentro dos americanos e entre eles.

O processo inconsciente do complexo racial influencia o desenvolvimento da personalidade, o comportamento cultural e o *status* social/político – todos os aspectos do coletivo americano. *O complexo racial: Questões raciais e culturais sob a perspectiva junguiana*, esperançosamente, avançará o trabalho de Jung na área da teoria dos complexos específica para a psicologia coletiva americana negra/branca, complexos culturais, racismo americano e o arquétipo da Sombra, de uma maneira que promova nossa cura cultural e racial.

2
A natureza dos complexos

O complexo na psique

Mais comumente, chegamos a conhecer e entender o complexo porque desenvolvemos comportamentos ou sintomas específicos que nos causam sofrimento psicológico. O trabalho clínico e relacional de estar com material inconsciente, como complexos, pareceria exigir um entendimento de como esse material pode emergir. Gostaria de começar tentando localizar a ideia abstrata e elusiva de complexos psicológicos antes de entrarmos em nossa primeira consideração dos seus traços e características. Isso me lembra de trabalhar com os sonhos, no qual uma postura clássica é adotada ao conhecer o lar do ego do sonhador – onde ocorre o sonho em termos da consciência do ego do sonhador? Nesse caso, é útil ter um local para entender melhor o que o material inconsciente do sonho está tentando nos dizer. Isso requer uma conexão com a consciência do ego. O ego se torna um observador do sonho a serviço de posteriormente oferecer interpretação para entender aspectos da direção arquetípica. Isso nos leva ao coração do inconsciente, onde nossos sonhos são criados e podem emergir na consciência do ego.

A psique inconsciente é aquele lugar dentro de nós que "contém" a consciência, o inconsciente pessoal e o inconsciente coletivo. A criatividade do inconsciente ou da psique se deve à sua capacidade de nos abranger, mantendo-nos equilibrados, como a Terra em relação à Lua e ao Sol.

Não nos preocupamos em perder nosso equilíbrio porque a gravidade, assim como nosso ego, nos mantém no lugar, nos dando um conhecimento consciente sobre nossa vida de uma maneira básica, mesmo que não seja a soma total de quem somos como seres humanos e não seja o centro guia central para todas as experiências de vida. Penso no inconsciente com seu arquétipo do Si-mesmo como esse lugar de consciência centrada que está além da mera consciência do ego. A integração de diferentes eventos de consciência aos quais pertenço me permite ter um conhecimento limitado sobre minha natureza humana e divina.

Ao encontrar o lar do complexo dentro da psique, entramos em um entendimento de que tal lugar como psique pode existir. Jung diz:

> Devemos, todavia, habituar-nos ao pensamento de que entre a consciência e o inconsciente não há demarcação precisa, com uma começando onde o outro termina. *Seria antes o caso de dizer que a psique forma um todo consciente-inconsciente* (OC 8/2, § 397).

Seguindo o autor, sabemos que algo, a psique, nos segura além do espaço da consciência do ego. Muitas vezes descobrimos esse lugar de alteridade – diferente do ego, porque começamos a sofrer emocional ou psicologicamente de uma maneira com a qual o ego não está familiarizado. Esse se torna um momento em que procuramos aquele "outro" lugar que eventualmente pode nos levar a um terapeuta ou analista, o qual aborda nossos si-mesmos inconscientes. Dentro desse contexto, podemos aprender a linguagem e os elementos da psique e um caminho talvez desconhecido para a cura psicológica.

Em uma referência ao inconsciente pessoal, Jung diz:

> No que diz respeito à zona-limite que denominei de "inconsciente pessoal", não é difícil provar que seus conteúdos correspondem exatamente à definição do que seja o "psíquico" (OC 8/2, § 397).

Ele, então, faz a pergunta: "Mas existe um inconsciente psíquico, nos termos de nossa definição, que não seja uma *Fringe of consciousness* e não seja pessoal?" (OC 8/2 § 397).

Em *A natureza da psique*, Jung oferece esta definição:

> Resumindo, gostaria, portanto, de observar que devemos distinguir, por assim dizer, três níveis psíquicos, a saber: 1) *a consciência*; 2) *o inconsciente pessoal* que se compõe, primeiramente, daqueles conteúdos que se tornam inconscientes, seja porque perderam sua intensidade e, por isto, caíram no esquecimento, seja porque a consciência se retirou deles (é a chamada repressão) e, depois, daqueles conteúdos, alguns dos quais percepções sensoriais, que nunca atingiram a consciência, por causa de sua fraquíssima intensidade, embora tenham penetrado de algum modo na consciência e 3) o *inconsciente coletivo*, que, como herança imemorial de possibilidades de representação, não é individual, mas comum a todos os homens e mesmo a todos os animais, e constitui a verdadeira base do psiquismo individual (OC 8/2, § 321).

Uma segunda área significativa para localizar material complexo dentro do inconsciente está dentro da sombra. Com o tempo, aqueles que praticam a psicologia junguiana desenvolveram uma linguagem expansiva a partir da definição original de Jung da sombra. No entanto, foi Carl Jung quem inicialmente falou da sombra como sendo um aspecto do inconsciente pessoal. "A sombra [...] representa, antes e acima de tudo, o inconsciente pessoal, podendo por isso atingir a consciência sem dificuldades no que se refere a seus conteúdos [...]" (OC 9/2, § 19). Seria consideravelmente mais simples reconhecer como a sombra, com todos os seus desejos, necessidades e desejos inconscientes ocultos, teria um lugar no inconsciente pessoal. Jung pergunta – "todo o nosso material individual não é pessoal de qualquer maneira?"

Uma diferença importante entre o inconsciente pessoal e o inconsciente coletivo é que este último se baseia mais em padrões instintivos de energias arquetípicas que herdamos ao longo de gerações.

Herdamos esses padrões como parte de sermos seres humanos. Não precisamos aprender como evocar a energia arquetípica que flui através do inconsciente coletivo. Essas energias existem como aspectos de nossa consciência, sem nossa vontade ou controle. Dessa forma, elas compartilham o impulso compulsivo do complexo. Uma vez que nos tornamos conscientes desses tipos de atrações energéticas causadas por mudanças de libido no inconsciente, são necessários esforços consistentes e presença de espírito para reconhecer as mudanças. Assim como com os complexos, não estamos dominando o fluxo energético da energia arquetípica. Tornamo-nos canais para essa energia à medida que caímos em amnésia e cegueira do ego. Entregamo-nos, só sendo capazes de ver a perda de nossos si-mesmos impulsionados pelo ego em retrospectiva, uma vez que a constelação de "possessão" pelo arquétipo e pelo complexo passou.

Jung coloca o ego dentro de um campo de consciência que se torna consciente por meio de seu próprio poder de observação. Nascemos com o ego e ele continua ao longo da vida. Jung afirma que o ego também é um complexo, bem como compartilha conexões com outros complexos. A capacidade do ego de viver a partir do centro da consciência permite que ele saiba muitas coisas sobre a personalidade e os aspectos diários da sobrevivência. No entanto, o ego é limitado por sua própria consciência. Esse é o campo no qual ele domina. Quando entra no reino inconsciente, como em um estado de sonho, ele se torna menos poderoso. A relação do ego com outros complexos pode ser elusiva. Uma parte importante do trabalho psicológico do ego é se defender contra a aquisição de conhecimento de suas limitações. Há uma necessidade de acreditar que ele sabe tudo ou pode saber tudo. A percepção de que tem limitações pode causar grande ansiedade e angústia. Essas limitações podem ser em qualquer área da vida humana que seja tocada pelo ego.

A relação entre a consciência do ego e os complexos pode se intensificar quando aquela sente que está entrando em um lugar de desconhecimento, como muitas vezes acontece quando os complexos são ativados. O ego busca ter o conforto de saber onde está localizado no tempo e no espaço. Os complexos mudam a paisagem psíquica interna e geralmente desencadeiam uma mudança na consciência que é desconfortável para o ego fundamentado. É como os rumores de um terremoto. Como os complexos não funcionam isoladamente, é bastante possível que dois ou mais complexos sejam ativados ao mesmo tempo, aplicando mais pressão sobre o ego, o qual tenta se defender contra o que os complexos estão tentando revelar. Ao pensar na psique como um sistema basicamente fora do controle egoico, é possível que os complexos, que sempre carregam emoções como um aspecto de sua energia psíquica, tenham um efeito ainda mais assustador na personalidade do ego. Isso é o que causa estresse no sistema psicológico do qual a psique representa a totalidade. Jung acredita que as várias partes da psique trabalham juntas de forma coordenada para manter o ego em equilíbrio – o ego na maioria das vezes se conhece, descobre coisas novas sobre si mesmo e mantém o conforto nesse lugar de autorreflexão. O equilíbrio geral da psique é mantido pelas leis de compensação entre diferentes estados de consciência. Isso se torna mais significativo em nossas vidas individuais quando não conseguimos encontrar a melhor maneira de viver, agir ou estar fundamentados em nossas formas de funcionamento egoico.

A perturbação causada ao ego pode ser pensada como um problema complexo e arquetípico do Si-mesmo que ganhou poder de libido suficiente para interromper a complacência e os processos egoicos.

Uma ideia teórica da psicologia junguiana clássica é que o arquétipo do Si-mesmo fornece orientação mesmo quando parece que os complexos estão sendo ativados e antagonizando o ego. Os elementos da psique que podem estar engajados nesse momento parecem se comportar de forma totalmente prejudicial para a vida, mas na verdade estão se movendo dentro do inconsciente e rompendo a barreira da consciência do ego em serviço de uma saúde psicológica mais profunda. Complexos e a energia arquetípica instintiva em seu cerne interagem entre si e podem parecer ameaçadores para o ego e comumente o são, porque sinalizam incompatibilidade na vida interior e a necessidade de mudança transformadora na vida exterior. Isso geralmente não é uma boa notícia para o ego, que busca manter sua posição dentro de seu próprio campo de consciência – exigindo continuar em padrões de comportamentos neuróticos não mais produtivos. A interrupção da vida psíquica pela constelação de complexos, possessão/inundação arquetípica ou trabalho de Sombra geralmente significa que a vida psíquica interior está se intensificando em um movimento compensatório, o qual vai em direção à mudança nos padrões de vida instigados por um arquétipo do Si--mesmo ou por um conhecimento que não está prontamente disponível para a consciência do ego.

A teoria dos complexos de Jung

Jung deu a seguinte definição de um complexo carregado de emoção no texto *Considerações gerais sobre a teoria dos complexos*, publicado como um artigo e apresentado como uma palestra em maio de 1934:

> É a imagem de uma determinada situação psíquica de forte carga emocional e, além disso, incompatível com as disposições ou atitude habitual da consciência. Esta imagem é dotada de poderosa coerência interior e tem sua totalidade própria e goza de um grau relativamente elevado de *autonomia*, vale dizer: está sujeita ao controle das disposições da consciência até um certo limite e, por isto, comporta-se, na esfera do consciente, como um *corpus alienum* (corpo estranho), animado de vida própria (OC 8/2, § 201).

Foi durante os testes de sujeitos de pesquisa no experimento de associação de palavras, feito de 1904 a 1910, que Jung notou a ausência de uma resposta para o que ele pensou inicialmente ser uma falha no teste. Ao longo do tempo, emergira o padrão de que palavras específicas causavam o que Jung definiu como "as lacunas ou falsificações da memória [que] ocorrem, com regularidade e em média, em todos os campos da associação perturbados pelos complexos" (OC 8/2, § 199). Em outras palavras, sempre que se experimenta a ativação de um complexo, há uma reação psíquica, psicológica e até mesmo fisiológica que pode ser medida. A medição não é apenas pelo tempo de tal atraso na resposta consciente, mas também pela profundidade emocional da interrupção da clareza consciente do estado de vigília. A capacidade de permanecer focado diminui. Jung diz que agradece a Pierre Janet por poder observar "a extrema dissociabilidade da consciência" (OC 8/2, § 202). Dessa forma, aprendemos tanto com Jung quanto com Janet uma das principais características do complexo ativado ou constelado – ele faz com que alguém se dissocie.

Jung, ao falar da diferença entre o profissional acadêmico e o psicopatologista, relaciona como o primeiro não sabe nada sobre a psique da maneira como é entendida pelo último.

> Com efeito, ele conhece um fenômeno psíquico que a psicologia "acadêmica" quase sempre desconhece: o fenômeno da *dissociação* ou *dissociabilidade da personalidade*. Esta peculiaridade se deve ao fato de que a ligação dos processos psíquicos entre si é uma ligação bastante condicionada. Não somente os processos inconscientes dependem notavelmente das experiências da consciência, mas os próprios processos conscientes revelam uma frouxidão muito clara ou uma separação entre uns e outros. Limito-me apenas a recordar aqueles absurdos ocasionados pelos complexos e que podemos observar com a máxima precisão desejada nas experiências de associação (OC 8/2, § 365).

Em *A natureza da psique*, Jung aborda a questão da dissociação causada pelo complexo. Ele dá duas razões possíveis, começando com sua própria pergunta de "por que o processo inconsciente não cruza realmente o limiar da consciência e não se torna perceptível ao eu" (OC 8/2, § 366). Isso seria de forma mais esperada comum e consistente. A energia do que Jung chama de "sujeito secundário subliminar" naturalmente buscaria se projetar em nossa consciência egóica.

> Esta consciência secundária representa, com efeito, uma componente da personalidade, que se separou da consciência do eu, por mero acaso, mas deve sua separação a determinados motivos. Uma dissociação desta espécie apresenta dois aspectos distintos: no primeiro caso, trata-se de um conteúdo originariamente consciente que se tornou subliminar ao ser reprimido por causa de sua natureza incompatível; no segundo caso, o sujeito secundário consiste em um processo que jamais pode penetrar na consciência, porque nesta não há a mínima possibilidade de que se efetue a apercepção deste processo, isto é, a consciência do eu não pode recebê-lo por falta de compreensão e, por conseguinte, permanece essencialmente subliminar, embora, do ponto de vista energético, ele seja inteiramente capaz de tornar-se consciente. Ele não deve sua existência à repressão, mas é o resultado de processos subliminares e como tal nunca foi consciente. Como em ambos os casos há um potencial de energia capaz de os conduzir ao estado de consciência, o sujeito secundário atua sobre a consciência do eu, mas de maneira indireta, isto é, através de "símbolos", embora esta expressão não me pareça muito feliz. Quer dizer, os conteúdos que aparecem na consciência são primeiramente *sintomáticos* (OC 8/2, § 366).

É importante na definição do complexo entender como ele afeta nosso comportamento – como somos alterados geralmente sem nem mesmo saber em que medida estamos diferentes durante o curso de uma ativação ou constelação de um complexo. A referência de Jung ao componente secundário da personalidade com sua própria fonte de energia libidinal reúne essa energia e se prepara para descarregá-la por meio de um esforço constelado. Experimentamos e testemunhamos os resultados na percepção de um comportamento complexo – através da fala, respostas corporais, padrões de pensamento, mudanças na consciência do ego, qualquer forma de saber que fomos capturados por um momento dissociativo psíquico conhecido por nós como um complexo.

Um segundo aspecto importante dos complexos é que são criados por meio da fragmentação dentro da psique individual. Essa fragmentação que resulta em um complexo é causada, segundo Jung, pela experiência de trauma. "A etiologia de sua origem é muitas vezes um chamado *trauma*, um choque emocional, ou coisa semelhante, que arrancou fora um pedaço da psique" (OC 8/2, § 204). Não é difícil imaginar tal evento acontecendo conosco quando consideramos que nascer nos coloca no possível domínio de qualquer evento traumático psicológico assim que deixamos o útero de nossa mãe. Há quase uma garantia de trauma, começando primeiramente com o "insulto" de deixar a segurança do útero.

A inocência da infância é frequentemente interrompida pelo trauma – grandes e pequenas situações que perturbam o senso de segurança do ego. Muito poucos de nós entramos na adolescência sem alguma forma de tristeza ou infelicidade marcando os primeiros anos de crescimento. Às vezes, é o divórcio dos pais, a morte de um irmão, o abuso de substâncias por parte de um dos pais. Esses são eventos importantes, mas até os menores podem nos causar infelicidade devido à fragilidade do jovem ego. O tempo gasto na análise é na maioria das vezes dedicado a visitar e revisitar momentos da infância, quando situações traumáticas ocorreram que, inicialmente, podem nem ser lembradas. Eventualmente, à medida que o trabalho continua e os complexos são revelados, a relação entre a memória lembrada e o sofrimento causado por aquela parte fragmentada traumatizada da psique é percebida, produzindo o que geralmente é uma experiência psicológica intensamente emocional.

Frequentemente, choramos quando mais uma vez sentimos o que o complexo quase exigiu que o ego esquecesse por causa de uma anestesia psicológica de amnésia. A incapacidade do ego de se desenvolver para tolerar repetidos traumas é apoiada por um esquecimento inconsciente que sustenta comportamentos neuróticos. A formulação de eventos sequenciais trabalha para proteger a mente, os processos psicológicos internos de nós e, posteriormente, nos devolver a uma descoberta do que perdemos devido ao trauma inicial. Isso então se torna o trabalho da psicanálise. Usamos diferentes tipos de linguagem para descrever como entramos nesse espaço liminar da psicoterapia. No entanto, sabemos que viemos porque reencontramos algo de nosso passado que está sem solução. Podemos sentir o deslize de uma persona que funcionou bem talvez por décadas, mas está começando a falhar, e muitos de nós não têm habilidades para lidar com tais "falhas" pessoais. As maneiras pelas quais lutamos para encontrar estados internos de paz longe do sofrimento neurótico na forma de tristeza, ansiedade, dissociação ou outras doenças emocionais deixam de nos manter seguros. É quando, ao entrar na psicanálise ou psicoterapia, o trabalho exploratório de encontrar nossos complexos começa e continua muito depois que a terapia "oficialmente" terminou.

Agora chegamos à terceira característica de um complexo. Devido à sua origem natural como um aspecto de nossos processos mentais inconscientes, nunca "perdemos" nossos complexos. Eles nos têm não apenas nos momentos de constelação, mas por toda a vida. Traumas, nossas neuroses, energias arquetípicas que fluem de nossa consciência individual nos pertencem. Esse é talvez um dos elementos mais difíceis de compreender do complexo, já que o ego quer se sentir capaz de se desfazer de tudo o que é desagradável para si mesmo.

Complexos geralmente não são considerados estados agradáveis de atenção. Quando somos dominados pelas emoções de nossos complexos, geralmente estamos revivendo um momento de estresse ou, como Jung afirmou, "coerção". É um momento desagradável emocionalmente, às vezes acompanhado de vergonha ou humilhação. Jung diz o seguinte sobre complexos:

> [...] os complexos se comportam como os diabretes cartesianos e parecem comprazer-se com as travessuras dos duendes. Põem em nossos lábios justamente a palavra errada; fazem-nos esquecer o nome da pessoa que estamos para apresentar; provocam-nos uma necessidade invencível de tossir, precisamente no momento em que estamos no mais belo pianíssimo do concerto; fazem tropeçar ruidosamente na cadeira o retardatário que quer passar despercebido; num enterro, mandam-nos congratular-nos com os parentes enlutados, em vez de apresentar-lhes condolências [...] (OC 8/2, § 202).

Ao concluir, ele diz: "Como era de esperar, por razões teóricas, mostraram-se ineducáveis" (OC 8/2, § 202). O fato de serem ineducáveis nos leva a entender melhor como podem permanecer conosco por toda a vida. No entanto, acredito que possamos aprender a compreender nossos complexos de maneira que nos ofereçam *insights* e possibilidades de mudança em nossos comportamentos. Isso não significa que nossos complexos sejam anormais ou não devam fazer parte do nosso desenvolvimento psicológico. Teremos algumas perturbações psicológicas e circunstâncias emocionais que nos dominarão à medida que avançamos da infância para a vida adulta. Podemos chamá-las de complexos ou por outro nome. Na tradição da psicologia junguiana, chamamos essas perturbações de complexos. Essas perturbações fornecem uma maneira de considerarmos formas de criar vidas significativas. O conceito de significativas, de acordo com meu próprio viés, inclui não apenas sucessos materiais na vida, mas encontrar nosso caminho através de um labirinto de desafios emocionais e psicológicos comuns à vida. Significa desenvolver uma compreensão do sofrimento que a vida implica e continuar na luta para nos envolvermos conosco em um nível cada vez mais profundo, percebendo que o conforto psicológico contínuo diário é uma impossibilidade para ser verdadeiramente humano. No entanto, nossa humanidade exige que protejamos a nós mesmos. Essa proteção, por necessidade, inclui o medo e a construção de defesas emocionais fortes o suficiente para sobrevivermos como adultos. Em sua discussão sobre complexos, Jung diz que a via régia, da qual Freud falou como o caminho real dos sonhos, na verdade não é verdadeira. Jung diz que, em vez disso, são

[...] os complexos, responsáveis pelos sonhos e sintomas. Mesmo assim, essa via quase nada tem de régia, visto que o caminho indicado pelos complexos assemelha-se mais a um atalho áspero e sinuoso que frequentemente se perde num bosque cerrado e, muitas vezes, em lugar de nos conduzir ao âmago do inconsciente, passa ao largo dele (OC 8/2, § 210).

Segundo Jung, em nosso desejo de proteção, não apenas de nossos corpos, mas também de nossa consciência do ego – nossa sanidade, podemos e geralmente tememos nossos próprios complexos. Ao discutir ainda mais esse medo, Jung afirma:

A consciência está invariavelmente convencida de que os complexos são inconvenientes e, por isso, devem ser eliminados de um modo ou de outro. Apesar da esmagadora abundância de testemunhos que nos mostram a universalidade dos complexos, as pessoas têm repugnância em considerá-los como *manifestações normais da vida*. O temor do complexo é um *preconceito* fortíssimo, pois o *medo* supersticioso *do que é desfavorável* sobreviveu intocado pelo nosso decantado Iluminismo. Este medo provoca violenta *resistência* quando investigamos os complexos, e é necessária alguma decisão para vencê-lo (OC 8/2, § 211).

Podemos temer nossos complexos e, na maioria das vezes, desejar inconscientemente mantê-los escondidos pela sombra devido a um sentimento de vergonha de tê-los – algo que mostra nossas limitações.

Os complexos podem ser nossos segredos – escondidos até mesmo de nossa própria consciência do ego. No entanto, se os complexos psicológicos forem autônomos, como Jung acreditava, então podemos exercer algum controle mínimo sobre eles, uma vez que nos tornamos conscientes deles, mas nem sempre podemos esperar evitar seu apelo emocional. Ao trabalhar com complexos dentro do ambiente clínico, deve haver primeiro um período em que o clínico aprenda sobre os complexos e, especificamente, sobre os complexos pessoais do paciente. O analista aprenderá sobre seus próprios complexos em relação ao paciente e ao trabalho que está sendo realizado e, em algum momento, sobre os complexos da família, da cultura e do coletivo em que o paciente vive. Como o complexo tem o medo como um aspecto próprio, uma parte do trabalho clínico é permitir que esse medo esteja presente na transferência, na sala de análise. Tipicamente, nossos egos não desejam se envolver com qualquer coisa que nos cause medo. Isso é parte de nossa natureza. Como podemos permitir a liberação da carga energética de um complexo – que pode chegar com ou sem permissão do ego, sabendo que aumenta nosso medo e ansiedade? Isso também é o trabalho clínico de lidar com o complexo – não sabendo sempre como reagiremos e até mesmo o que fazer quando tomamos ciência do complexo. Momentos psíquicos entregues pelo inconsciente são imprevisíveis por natureza, e o ego deve estar preparado (isso acontece ao longo do tempo, apoiado pelo fortalecimento do ego), para descobrir e integrar novo material inconsciente à medida que o trabalho clínico avança. Esse é um elemento muito valorizado do trabalho psicológico – realmente existe, eu acredito, uma esperança de transformação. Esse processo de transformação pode ocorrer devido ao reconhecimento de complexos e nossa disposição em permiti-los no contexto do crescimento e mudança do ego. Um encontro com nossos complexos na verdade fortalece o ego de maneiras que ele nunca experimentaria sem a experiência de engajamento com seus complexos.

Com o tempo, à medida que o trabalho clínico continua, começamos a aprender que não somos apenas vítimas, reféns e receptores de presentes de nossos complexos, mas que eles nos colocarão em contato com nossos complexos familiares. Acredito que um dos mais significativos desses complexos familiares seja o da mãe e do pai. Jung, ao escrever sobre complexos, parece ter escrito principalmente sobre esses dois complexos parentais. Essa escrita está no volume 9/1 da Obra Completa, *Aspectos psicológicos do arquétipo materno* (1954/68). Nela, Jung expressou sua crença em um complexo materno positivo, bem como em um negativo. O destaque que o autor deu aos complexos parentais sugere sua importância como base fundamental de todos os complexos. Outros analistas/escritores junguianos que pensam dessa mesma maneira incluem Hans Dieckmann (1999), que, em *Complexes: Diagnosis and therapy in analytical psychology*, afirma:

> Portanto, em meu julgamento, todos os outros complexos podem ser derivados desses dois grandes complexos fundamentais, o complexo materno e o paterno. Isso inclui os complexos de irmão e irmã na medida em que irmão ou irmã são mais ou menos uma edição rejuvenescida de pai ou mãe. Sabemos, de todas as análises, em que medida os complexos parentais influenciam as rivalidades entre irmãos. Em seu livro clássico, *Analysis of children* (1930), Wickes elaborou pela primeira vez o quanto as crianças vivem, sofrem e expressam os problemas inconscientes e complexos de seus pais (p. 3).

Portanto, nossos complexos incluem material psíquico que adquirimos por meio de relacionamentos precoces com nossas famílias imediatas. Isso se expande à medida que deixamos essa família na infância e ingressamos no sistema educacional, como a maioria das crianças faz após os primeiros anos em casa. Pode ser que aquilo que não tenhamos obtido psicologicamente como material de "apego" do complexo parental por meio da família então cresça por meio de relacionamentos com professores, colegas e outras pessoas encontradas em um ambiente mais socializado, longe da família. Parece que essas primeiras qualidades do fragmento do complexo em desenvolvimento, talvez causadas por problemas familiares biológicos ou problemas de complexos parentais não resolvidos e transmitidos por meio do nível intergeracional, se tornam a "imagem" da qual Jung definiu o complexo. Essa imagem não é necessariamente uma representação direta do que existe no ambiente da infância. Ela pode ter as qualidades e a essência das circunstâncias que vivem na casa da infância.

A psique, lar dos complexos, também tem o que Jung chamou de vontade e instinto. Em sua discussão sobre essas duas possíveis atividades na psique, ele diz que a vontade humana não pode dominar aquilo que não conhece ou conhece muito pouco – os complexos. De maneira minimamente instintiva, o complexo se comporta com base em padrões influenciados por um núcleo arquetípico ou energias adquiridas e ocultas na sombra. Seguindo isso, Jung fornece uma definição muito abrangente do inconsciente – aquele lugar do desconhecido. Ele afirma:

> O inconsciente não se identifica simplesmente com o desconhecido; é antes o *psíquico* desconhecido, ou seja, tudo aquilo que, supostamente, não se distinguiria dos conteúdos psíquicos conhecidos quando se chegasse à consciência. Além disso, é preciso acrescentar aqui também o sistema psicoide a respeito do qual nada sabemos diretamente. Assim definido, o inconsciente retrata um estado de coisas extrema-

mente fluido: tudo o que eu sei, mas em que não estou pensando no momento; tudo aquilo de que um dia eu estava consciente, mas de que atualmente estou esquecido; tudo o que meus sentidos percebem, mas minha mente consciente não considera; tudo o que sinto, penso, recordo, desejo e faço involuntariamente e sem prestar atenção; todas as coisas futuras que se formam dentro de mim e somente mais tarde chegarão à consciência; tudo isto são conteúdos do inconsciente (OC 8/2, § 382).

Acho bela essa definição, porque me permite enxergar a sabedoria de Jung em compreender nosso potencial como seres humanos. Quando ele fala de si próprio como um cientista empírico, posso não entender parte de sua intenção. Já quando oferece uma descrição como a acima, estou alinhada a ele por causa de sua linguagem expressiva na definição. Entendo que parte dessa insistência era sua comprovação de sua pesquisa e o valor da psicologia analítica como oficialmente uma área a ser aceita e respeitada pelos colegas e pelo público. No entanto, quando ele fornece a definição acima do inconsciente – e ele deu mais do que apenas essa –, vejo a amplitude de seu pensamento conforme ele projeta sobre o inconsciente. É como sair de casa à noite e encontrar um céu escurecido cheio de estrelas brilhantes. É notável que, quando um complexo se torna ativado, o conhecemos como estando constelado – nos tornamos constelados, um corpo humano carregado com a energia do instinto e uma força além de nosso conhecimento, até reconhecê-la por meio do trabalho psicológico interno ou da autorreflexão. Podemos pensar em nós mesmos como um campo – uma constelação de tudo o que nossos complexos carregam tanto por meio da consciência do ego quanto das energias arquetípicas.

3
O complexo racial

Complexos comuns

Em *A natureza da psique*, Jung escreveu o seguinte em sua descrição dos complexos:

> Hoje em dia podemos considerar como mais ou menos certo que os complexos são *aspectos parciais da psique dissociados*. A etiologia de sua origem é muitas vezes um chamado *trauma*, um choque emocional, ou coisa semelhante, que arrancou fora um pedaço da psique. Uma das causas mais frequentes é, na realidade, um *conflito moral* cuja razão última reside na impossibilidade aparente de aderir à totalidade da natureza humana (OC 8/2, § 204).

Entendemos, a partir da definição de Jung, conforme descrita, que os complexos eram originalmente parte da psique como um todo. Devido ao que Jung rotula como "o chamado" trauma, desenvolvemos o que eventualmente se tornam complexos. É importante notar que ele diz que os complexos são mais provavelmente causados por um conflito moral que nos impede de ter um sentido de totalidade. Acredito que isso reúne nosso entendimento de como os complexos – aspectos traumatizados reais de nossa psique – reforçam uma desconexão com o arquétipo do Si-mesmo. É apenas por meio do

41

trabalho afirmativo consciente de um ego alienado, sobrecarregado com questões complexas psicológicas, que o aspecto da psique, o qual busca equilíbrio por meio de atividade compensatória, pode se tornar mais energizado. Eu chamaria isso, como fez Jung, de arquétipo do Si-mesmo.

Chegamos a conhecer os complexos à medida que vivemos e os estudamos por quase cem anos, desde que Wundt, Pierre Janet, Freud e, posteriormente, Jung, nos ajudaram a olhar para o inconsciente, para a psique, buscando nos conhecer melhor.

Nossas tentativas de entender nossa natureza humana nos levam a esse lugar não apenas de um arquétipo do Si-mesmo, mas também, como Jung rotulou, à Sombra. (Quando usado como referência a um arquétipo, então Sombra é maiúsculo, caso contrário, minúsculo.) Hoje, à medida que nosso entendimento da psicologia junguiana cresceu, também temos uma compreensão maior da Sombra como arquétipo funcionando dentro de nós em um nível individual, bem como em um nível coletivo. Acredito que nossos complexos se escondam por trás e dentro da Sombra e de qualquer energia central arquetípica que os englobe até que escolham não mais permanecer ocultos. Jung diz: "Com algum esforço de vontade, pode-se, em geral, reprimir o complexo, mas é impossível negar sua existência, e na primeira ocasião favorável ele volta à tona com toda a sua força original" (OC 8/2, § 201). Ele diz que os complexos pregam "peças travessas". Esses são alguns dos exemplos que o autor fornece no ensaio da Obra Completa sobre os complexos, em *Considerações gerais sobre a teoria dos complexos*.

Com o tempo, aprendemos muito mais sobre nossos complexos em termos de rotulá-los e ver como eles podem nos aprisionar. Isso é verdade especialmente para os mais fortes que podem envolver todos nós em algum momento ou outro – por exemplo, um complexo de culpa, um complexo de dinheiro, um complexo sexual.

Provavelmente, os mais conhecidos são os complexos parentais, especialmente nosso complexo materno. O peso emocional de nossos complexos tende a nos assombrar em nosso estado de vigília, bem como em nossos sonhos.

Jung afirma que "a inconsciência do complexo ajuda a assimilar inclusive o eu", resultando em "uma *modificação momentânea e inconsciente da personalidade*, chamada *identificação* com o complexo" (OC 8/2, § 204). Mais tarde, ele diz que essa identificação foi tratada como possessão – sendo impulsionada pelo diabo ou "atormentada pela bruxa". Isso é mais da natureza séria do complexo que podemos encontrar, e não há tentativa de minimizar nossos complexos maternos ou paternos – eles nos trazem e nos mantêm na análise, trabalhando neles literalmente por anos.

O complexo racial

Fui inicialmente atraída pela menção de Jung ao que denominei de complexo racial por meio de seu comentário na Obra Completa, no qual ele disse o seguinte:

> Assim como o homem de cor vive nas cidades de vocês e mesmo dentro das casas de vocês, também vive debaixo da pele de vocês, subconscientemente. Isto naturalmente atua nos dois sentidos. Assim como todo judeu tem um complexo de Cristo, o negro tem um complexo de branco e todo americano tem um complexo de negro. Via de regra, o homem de cor daria tudo para mudar sua pele; e o branco odeia admitir que foi atingido pelo negro (OC 10/3, § 963).

Na época, Jung havia começado a escrever sobre a situação étnica da América – o que ele acreditava ser as problemáticas diferenças raciais entre brancos e negros e as causas de tais diferenças. Embora ele não tenha dito muito nesse artigo específico, intitulado *As complicações da psicologia americana* (1934), enfatizou as "consequências negativas" da influência do "primitivo" – africanos e nativos americanos – na sociedade branca americana. Parece-me importante expandir a escrita inicial de Jung sobre o complexo racial – negro e americano, porque ao se referir aos afro-americanos, ele apenas identificou o desejo deles de se tornarem brancos – de mudar de etnia.

Incorporado ao comentário minimalista de Jung há muitos aspectos sobre os processos inconscientes de raça e racismo na América. Como acontece com grande parte do trabalho de Jung de décadas atrás, cabe aos interessados desconstruir, refinar e examinar a aplicabilidade de suas teorias às nossas vidas do século XXI. Acredito que dentro de nós e, às vezes, nos segurando estão complexos psicológicos. Também acredito que existe um complexo dedicado à raça, ao racismo e à etnia. Na época da referência simples de Jung ao que denominei de complexo racial, ele só podia identificar o desejo dos africanos de serem brancos e a tortura branca de afro-americanos viverem debaixo de suas peles. Seu foco inicial era nas diferenças de cor da pele como um fator determinante para definir o funcionamento intelectual, as crenças espirituais e os comportamentos interpessoais. Acredito que muitos de nossa comunidade junguiana americana provavelmente ficaram desconfortáveis com as palavras de Jung dos anos 1930; essas palavras com seus comentários raciais negativos geralmente sobre afro-americanos e especificamente sobre aqueles de linhagem africana. Como resultado, acredito que temos, assim como o coletivo maior, complexos raciais culturais.

Como indivíduo africano, não tenho um complexo branco, como Jung afirmou, por desejar ser branca. Tenho um complexo racial cultural que incorpora tudo o que herdei nesta vida – associações pessoais, as vidas de meus ancestrais e padrões arquetípicos de tudo o que veio antes.

Ao discutir como Freud se tornou o descobridor moderno do inconsciente, Jung aborda a questão dos complexos. Ele diz:

> A *via regia* que nos leva ao inconsciente, entretanto, não são os sonhos, como ele pensava, mas os complexos, responsáveis pelos sonhos e sintomas. Mesmo assim, essa via quase nada tem de régia, visto que o caminho indicado pelos complexos assemelha-se mais a um atalho áspero e sinuoso que frequentemente se perde num bosque cerrado e, muitas vezes, em lugar de nos conduzir ao âmago do inconsciente, passa ao largo dele (OC 8/2, § 210).

Posso apreciar a ideia e imagem de Jung do complexo como um caminho tortuoso, pois se ajusta a uma das minhas ideias sobre um complexo racial. Gostaria de retornar à sombra por um momento – o lugar onde escondemos na "vegetação" todas as coisas que não podemos tolerar ver, sentir, experimentar. Acredito que nossos complexos raciais também possam viver nesse lugar escuro da sombra. Isso pode se tornar um caminho difícil que nos faz cair e nos desencaminha. Acredito que os afro-americanos tenham conhecimento mais consciente desse fato por estarem no extremo sintomático negativo do complexo racial. As relações raciais também muito complicadas na sociedade americana foram bem documentadas, embora ainda haja muito mais a contar. Nos últimos

150 anos, começamos mais intensamente a abrir a caixa de Pandora em relação a questões étnicas e racismo na América. Na verdade, hoje acredito que temos mais diálogo do que nunca. Mas, se acreditarmos em Jung, essas conversas não eliminarão nossos complexos raciais. Concordo com ele. Uma circunstância importante para isso é que os complexos, como material psíquico do inconsciente, se desenvolvem e têm uma vontade própria.

Acredito que o único controle que podemos exercer – graças ao livre arbítrio – sobre essas partes autônomas desprendidas do material psíquico é aprendendo sobre elas e desvelando-as por meio do trabalho com a sombra – trabalhando nossas defesas culturais individuais e grupais e engajando no fortalecimento do ego em apoio à descoberta de lugares onde projetamos nossas fraquezas em um Outro.

O que exatamente são nossos complexos raciais? Como afro-americana, tenho um complexo americano branco — ou assim Jung acreditava. Como isso me assombra? Como estou sendo atormentada?

Quando eu era criança, minha avó costumava falar sobre assombrações ou espíritos que atormentam pessoas, e o que era necessário fazer para não atrair a ira das assombrações ou espíritos. Ela também costumava falar sobre o remédio curativo para se livrar das assombrações.

Digamos que meu complexo racial com o complexo branco que me assombra vive em si mesmo inconsciente – com /s/ minúsculo. Como eu poderia me sentir desconfortável em minha própria pele, com minha identidade?

Como minha etnia me causa uma experiência repetitiva do trauma psicológico da identidade ligada à raça como um

46

indivíduo, assim como ligada a uma identidade de grupo americana? Crescer como afro-americano significa que há lições raciais a serem aprendidas desde muito cedo. A lição das diferenças de cor da pele traz consigo feridas sociológicas e psicológicas e o trauma do racismo. Isso é uma consequência de viver na América. É uma experiência pessoal, assim como uma parte conhecida de nossa história social americana. Certamente, é minha própria experiência coletiva cultural de grupo.

A supressão, repressão e amnésia dos complexos raciais têm contribuído para o ferimento de nossa psique americana em termos de como continuamos, ao longo dos séculos, a infligir dor física e psicológica, por causa de uma ideia construída sobre diferenças devido à etnia.

O trauma cultural coletivo se manifesta como um complexo racial cultural, formado e nutrido primeiro pela escravização e, ao longo das décadas, pelos aspectos racistas da vida americana. A ideia de Jung da teoria dos opostos tem feito muito, provavelmente de maneira não intencional, para promover o racismo americano. Samuel Kimbles falou eloquentemente sobre as questões raciais inerentes a grupos que têm seus próprios rituais culturais e ritos de passagem. Um dos ritos emblemáticos foi a passagem dos africanos para as Américas como escravizados. Acredito que esse evento permaneça um tópico de discussão muito desconfortável para muitos americanos, mesmo que ainda não tenhamos começado a ver profundamente o trauma psicológico ainda vivenciado pelos descendentes de escravizados. A escravização americana foi um evento horrível que durou séculos. Infelizmente, em nossa amnésia inconsciente, continuamos a viver nossos medos através de complexos raciais expressos muitas vezes por ações racistas. Jung diz: "Os complexos são de tal modo desagradáveis, que ninguém, em sã razão, deixa-se convencer que as forças instintivas que alimentam o complexo podem conter qualquer coisa de proveitoso" (OC 8/2, § 211). Não é de admirar que tenhamos evitado dentro de nossa área da psicologia junguiana uma discussão profunda sobre complexos raciais.

Dissociação na relação si mesmo – Si-mesmo

A identidade é crucial para nossa saúde psicológica e bem-estar. Entendemos que, desde o início de nossas vidas biológicas e, eu diria, psíquicas, incluindo o DNA dos arquétipos, precisamos de reconhecimento na forma de identidade. Devido à questão das relações raciais na América, somos ensinados desde cedo sobre as diferenças étnicas. Jung apontou para algo que estava presente em nosso inconsciente coletivo sombrio e que era e continua sendo manifestado através de atos racistas negativos.

Acredito que, quando não podemos nos reconhecer ou nos ver por causa de um complexo que domina a consciência do ego, somos limitados no desenvolvimento de uma conexão entre nosso ego/si-mesmo e o Si-mesmo arquetípico. Essa dissociação na relação entre nosso si-mesmo e o Si-mesmo na situação que estou referenciando pertence ao evento traumático da escravização e tudo o que se seguiu em termos de problemas de identidade racial como parte de um complexo racial na América. Temos visto a luta para encontrar a identidade "certa" para os afro-americanos – dentro dos próprios afro-americanos, bem como no coletivo em geral. Primeiro chamados de africanos negros, depois de negros, surgiu o termo "*nigger*", e ressurgiu "negro" – o negativo e o "bonito" dos anos 1960 –; finalmente chegamos a "afro-americanos", novamente. Nosso coletivo americano tem lutado para encontrar sua identidade em termos de como devemos ser tratados, por causa das diferenças de cor da pele, e tudo o que vem junto com o significado cultural de tal circunstância. O trauma psicológico de ser o Outro tem seu impacto sobre as pessoas negras. Podemos ser o Outro, mas uma parte de nossa consciência torna o Outro – a pessoa branca – também um Outro. Um dos aspectos do privilégio branco e de seu complexo racial branco é que ele se percebe como a única coisa que pode conferir qualidades como "outro". No caso dos afro-americanos, essas qualidades, tanto consciente quanto inconscientemente na sombra, nos fariam ser "primitivos" e não seres humanos racionais ou razoáveis. Seríamos considerados não inteligentes e lentos para aprender. Essas crenças vêm de complexos raciais que viveram não explorados dentro da sombra por muitos séculos desde a chegada dos escravizados nos anos 1600.

O coletivo cultural de ser afro-americano foi vinculado não apenas fisicamente ao longo dos séculos, mas também pelo sofrimento psicológico de serem indivíduos mantidos dentro de uma estrutura social racista. Essa estrutura tem controlado e promovido, por meio de hábitos conscientes, a privação educacional, financeira e emocional desse coletivo cultural.

Acredito que essa imposição externa de um construto racial negativo tem apoiado o aprofundamento de um complexo racial negativo dentro dos indivíduos e na consciência psíquica do grupo. Linchamentos e o desenvolvimento de grupos como a Ku Klux Klan são exemplos desse tipo de consciência de grupo negativa – um complexo cultural que irrompe na sociedade americana. Jung afirmou que os complexos são partes desmembradas do material psíquico originalmente causadas por trauma. Considerei um complexo específico, o complexo racial, em parte porque não foi discutido de maneira alguma nos círculos históricos da psicologia junguiana, com exceção da referência de Jung a esse complexo em 1934 e do psiquiatra americano John Lind, em 1909, com a publicação do seu artigo no primeiro número da *Psychoanalytical Review*.

Eu procuraria os praticantes junguianos para abrir um diálogo sobre uma das teorias de Jung que emerge de seu trabalho no experimento de associação de palavras. O complexo racial é uma dessas teorias subdesenvolvidas. Sinto que cabe a nós, junguianos, iniciar essas conversas. Considerei uma discussão escrita sobre o complexo racial porque acredito que estamos presos nesse complexo, em uma luta constante com ele, enquanto tentamos esquecer sua existência. A dor de tal complexo, como Jung observou, não nos deixa em paz. O sofrimento muito real da discriminação racial e até mesmo da morte física devido à identidade pode causar um trauma emocional severo. Pode parecer como as ondas intermináveis de um tsunâmi, pois até agora não chegou ao fim. Os dias de linchamento em massa de afro-americanos passaram. No entanto, as palavras "direita alternativa", "direitos dos estados", "supressão de votos" e "nacionalistas brancos" remontam a uma época em que os traumas psicológicos e físicos eram eventos diários para as pessoas africanas. Acredito que o afro--americano não apenas tenha retido em uma psique africana o medo coletivo de tais eventos, mas também a ansiedade individual pela contínua possibilidade de ser prejudicado fisicamente devido à cor da pele.

Como eu disse anteriormente, acho que houve uma relutância em discutir um complexo racial em nosso coletivo junguiano. O próprio Jung previu que isso poderia acontecer devido à natureza "diabólica" dos complexos – eles só parecem ser adequadamente suprimidos pelo ego para depois voltarem mais fortes. Jung identificou o complexo cultural do grupo germânico que poderia ser visto no surgimento do nazismo, levando à Segunda Guerra Mundial. Esse surgimento de um grupo de pessoas que participaram do assassinato de milhões mostrou uma maneira distinta pela qual os complexos podem nos dominar. Indivíduos compunham os exércitos, equipe médica e administradores que formavam o partido nazista de Hitler. As vítimas do trauma dessa perseguição também eram indivíduos. Às vezes, acho que podemos perder de vista a importância do indivíduo – não apenas em termos de um processo de individuação, que o Si-mesmo promove, mas ao lidar com complexos, assim como com o sofrimento. O número daqueles que foram torturados ou assassinados é tão grande que é difícil compreendê-lo e permanecer dentro de nosso próprio lugar psicológico de conforto do ego.

Quando os complexos nos assombram, falta-nos paz de espírito. O trauma do racismo e seus efeitos não desaparecem, mas nos acompanham diariamente. Proponho que qualquer complexo racial dos afro-americanos estará intimamente "identificado" com esse tipo de trauma. Acredito ser importante enfatizar o que Jung já sabia: os complexos não desaparecem. Eles são descobertos. São considerados e trabalhados até que possamos aprender a conviver com eles de alguma forma que crie menos dor psíquica e emocional contínua. Como podemos fazer isso – criar menos dor originalmente causada por um evento traumático inicial como o Holocausto Africano? Acredito que devemos primeiro nos abrir para conversas sobre o trauma coletivo histórico e a dor psíquica intergeracional vivida no cotidiano contemporâneo. O silêncio só nos prejudicará. O trauma recorrente experimentado como um complexo racial se move em relação ao si-mesmo e à sombra. Proponho que essa relação crie ansiedade e um medo específico do trauma que inicialmente causou o desenvolvimento de tal complexo e que se repete ao longo das gerações.

A tensão e a ansiedade antecipatória causadas por questões de identidade racial, discriminação e medo de danos físicos só poderiam intensificar a dor psíquica e uma separação ou dissonância com o Si-mesmo. Imagino que o trabalho psicológico para reconciliar o si-mesmo e o Si-mesmo seria complicado – como Jung disse sobre a psicologia americana ao abordar a questão das diferenças étnicas na América. No último parágrafo de seu ensaio sobre os complexos, Jung diz que nos deu apenas os "fatos fundamentais da teoria dos complexos". Ele não fornece as soluções criadas pelos complexos, mas diz: "Trata-se de três questões capitais: o problema *terapêutico*, o problema *filosófico* e o problema *moral*. Os três são ainda objeto de discussão" (OC 8/2, § 219).

Acredito que minha discussão sobre um complexo racial cultural afro-americano, decorrente do trauma do Holocausto Africano e do racismo, é uma via para examinar nossos problemas coletivos e individuais americanos, profundamente complicados, em todas as três áreas que Jung propôs – a terapêutica, a filosófica e a moral.

Os complexos não desaparecem. Nós os trazemos para a consciência, para fora da sombra. Tornamos o inconsciente

consciente. Na compreensão mais profunda das teorias e dos conceitos junguianos, é nosso dever explorar, discutir e examinar aquilo que continua a nos assombrar. Esse é o verdadeiro ofício de estar alinhado com o trabalho psicológico em profundidade. Acredito que eu, assim como outros, sigamos de uma maneira profundamente psicológica quando pegamos os fios finos da belamente tecida tapeçaria da consciência e começamos a criar um padrão diferente com um tecido familiar. Penso que o desenvolvimento de ideias relativas a complexos raciais culturais está em alinhamento com essa proposição.

Dois aspectos dos complexos raciais, expostos através do racismo, são o sofrimento emocional e a dor da invisibilidade. Esses aspectos, combinados com a luta pela identidade, são apenas uma parte do que considero precisar de cura dentro dos parâmetros dos complexos raciais negativos. Posso reconhecer esses aspectos porque os vi se desdobrarem em minha própria vida, minha família e em meu coletivo cultural. Vi os resultados dos complexos raciais negativos exibidos no coletivo mais amplo.

Como começamos a pensar sobre a cura desses lugares de dor psíquica – do sofrimento psicológico de longa data? A maioria de nós deseja fortemente um estado de paz interior, uma conexão harmônica entre nosso ego e nosso inconsciente, nesse caso nosso Si-mesmo arquetípico. Mas Jung nos dá quase um aviso no que diz respeito aos nossos complexos enquanto buscamos a harmonia.

Acredito que a beleza da psicologia analítica é que ela muitas vezes pode fornecer a resposta para nosso sofrimento. O remédio está no veneno. Acredito que a psicologia junguiana é uma psicologia da descoberta. O caminho geralmente será na forma de um labirinto – é claro que não será fácil. A aceitação desse fato e a experiência real tanto do sofrimento quanto da alegria da vida – tanto da dor do complexo quanto do numinoso do divino Si-mesmo, podem continuar a nos oferecer esperança.

Em comunidade

Um aspecto dos meus trabalhos junguianos mais recentes tem sido facilitar o diálogo sobre as questões raciais nos processos de grupos que trabalham com sonhos, nos treinamentos clínicos analíticos junguianos e nas comunidades de indivíduos amplamente interessados na psicologia junguiana e sua prática. Em um encontro recente na Universidade Antioch, Los Angeles, um grupo de indivíduos – ex-alunos, estudantes, professores, analistas junguianos e membros da comunidade – se encontrou em um domingo. Nos reunimos para aprofundar nossa experiência dentro de uma comunidade multiétnica, composta majoritariamente por estranhos que estavam dispostos a pensar e sentir por meio da racialidade, psicologia analítica americana, racismo e complexo racial.

Ao longo das horas juntos, aprendemos sobre nossos próprios preconceitos – nossos complexos raciais individuais, nossos lugares internos de dor cultural e como ganhar mais coragem em fazer perguntas sobre nossa comunidade junguiana, psicologia profunda e questões raciais. Começamos com a pergunta que fiz na segunda seção deste capítulo: o que é um complexo racial? Não é uma pergunta muito simples de se retomar neste ponto, pois desejo trazer as vozes da comunidade.

A psicologia junguiana é conhecida por seu formato principalmente estruturado em interação um a um na prática clínica. Acredito que o material junguiano que buscamos expandir em termos do complexo racial sugira uma reunião de muitos que estão dispostos a entrar em um espaço coletivo. Uma das dificuldades com o complexo racial e seu material arquetípico sombrio é que ele permanece escondido. Reuniões e discussões da comunidade junguiana apoiam a adição de um formato a serviço do aprofundamento de nossas conversas sobre um tópico que tem se escondido da consciência por muito tempo na psicologia junguiana americana. Quando nos reunimos, normalmente ouço que aqueles que comparecem estão ansiosos para encontrar respostas e levantar questões em um círculo de outros, no qual a vulnerabilidade é permitida e nenhum tópico é proibido. Isso definitivamente seria um círculo junguiano se reunindo para discutir questões raciais.

Dentro do nosso grupo naquele dia, foram feitas as seguintes perguntas: o que é um complexo racial? O que essa pergunta significa para você como indivíduo? Algumas das seguintes respostas dos participantes foram oferecidas:

Paradoxo	Vergonha
Trauma contínuo	Projeções
Cor da pele	Emoções
Terceira cultura	"Interpretar" os sinais do Outro
Trauma histórico	Vulnerabilidade
Quem sou eu	Assumir sentimentos
Autodesvanecimento	Humanidade suprimida
Eu mereço?	Trabalho "desleixado"

A abertura com a qual trabalhamos juntos em nosso processo de grupo reflete a diferença em como fomos capazes ou incapazes de comunicar sobre as relações raciais dentro de nossa comunidade junguiana. Uma parte da motivação para a escrita do livro *O complexo racial* é abrir ainda mais nossas discussões dentro e fora da área da psicologia junguiana. O processo de grupo nos permite compartilhar uma parte de nossos si-mesmos conscientes, bem como material inconsciente – complexos, de uma maneira que não nos faz temer falar sobre vergonha, sobre nós mesmos ou sobre os outros. À medida que nosso grupo mergulhava na questão da natureza do complexo racial, pudemos ver a partir da lista abreviada acima que a cor da pele, emoções, trauma e identidade são reconhecidos como parte desse complexo. Os participantes do grupo relataram suas próprias experiências individuais com o "normal" de ser de uma cor de pele específica – seja branca, negra ou amarela, e os encontros emocionais dolorosos com outros que consideram sua cor de pele ofensiva.

O complexo racial, como qualquer complexo, carrega emoções. Jung nomeou o complexo como sendo tonificado emocionalmente pelo motivo de carregar dentro dele a emotividade. Essa emotividade, como discutido anteriormente, não é apenas o medo devido à consciência do ego – uma perda de controle sobre a dominação do complexo –, mas também o medo do que esse complexo selecionado carrega para a pessoa negra. Em relação às emoções, haveria o medo da morte – afro-americanos têm sido mortos de uma forma ou de outra por causa de sua cor de pele ao longo de centenas de anos. Assim, dentro da ansiedade de um complexo racial para uma pessoa negra está o medo literal da morte. A cor da pele e as emoções estão muito ligadas como aspectos de um complexo racial afro-americano.

A identidade da pele negra, amarela, significando "Outro", carregou sua discriminação racial e as penalidades resultantes por séculos.

Como os complexos não desaparecem em nossas psiques, podem persistir por toda a vida – talvez por causa de energias arquetípicas intergeracionais ao longo de muitas vidas, parece muito possível que o complexo racial de uma pessoa negra seja vinculado pela emoção do medo. Esse medo foi solidificado ao longo das gerações por linchamentos, pelas leis de Jim Crow, pela violência e agressão sexual contra mulheres negras.

Ao analisar o complexo comum e as maneiras como ele funciona, como amplificamos seus atributos em termos do complexo racial? Por exemplo, ao considerar como um complexo é, como Jung diz, "ineducável", como imaginamos que isso seria concretizado em um complexo racial? Existe uma maneira de "ensinar" a nós mesmos a nos comportarmos de maneira não racista em relação a alguém que "odiamos" por causa da cor da pele? Podemos "ensinar" nosso complexo racial a "se comportar" diante de nosso próprio medo de nós mesmos e do outro? Como ensinamos a nós mesmos a não ter medo quando a violência física e a morte são possibilidades tão reais por causa da cor da pele?

Acredito que a humanidade suprimida e a vergonha, destacadas pelos membros do grupo e, portanto, dentro da discussão deste livro, caminham juntas. Elas também podem ser discutidas como afetos separados, mas coesões do complexo racial. Como definimos vergonha? O que é a humanidade suprimida? Ao ouvir uma jovem falar sobre como é ser negra, como é ter "uma humanidade suprimida", naquele momento era como se eu pudesse sentir ela "desaparecer". Alguém da lista acima falou, referindo-se à questão de seu complexo racial, em termos de autodesvanecimento. Eu pude ver naqueles momentos de nossa discussão e sentir dentro do espaço fenomenológico a qualidade de fazer-se desaparecer devido à vergonha e à supressão do si-mesmo que se fundiram em diversos complexos impulsionados por um complexo racial cultural autônomo. Complexos não são entidades singulares e, como elementos da psique, não existem por si só sem influência de outras energias psíquicas no inconsciente. Uma multiplicidade deles pode e geralmente interage entre si em qualquer momento em que um possa ser constelado. Ao falar de complexos, Jung diz o seguinte sobre a vergonha:

> À primeira vista não se percebe nitidamente o motivo pelo qual o *temor* estimula a consciência a considerar os complexos como sua própria atividade. Os complexos parecem de tal banalidade e, mesmo, de futilidade tão ridícula, que nos causam vergonha, e tudo fazemos para ocultá-los (OC 8/2, § 207).

A ironia da vergonha sendo ativada na psique de um indivíduo afro-americano ligada a um complexo racial é informativa e ainda assim não surpreendente. O racismo exige que, dentro da relação etnicamente diferente, um indivíduo deva carregar vergonha abertamente. Todas as lições do racismo americano, desde a escravização, aderem à regra de que as pessoas negras devem ser portadoras de vergonha. Isso é uma ironia cruel. Quando vista dentro do contexto de um complexo racial branco/negro, quem tem mais motivos para se envergonhar em nível cultural?

Quando consideramos a vergonha dentro da psique de uma mulher ou homem afro-americano, podemos pensar sobre o "merecer" – também da lista acima? Uma posição emocional dentro da psicologia de ter o trauma intergeracional dos efeitos da escravização aborda a questão da dignidade e merecimento do melhor – merecendo qualquer coisa. A tra-

dição da escravização e os anos seguintes falam em dar o pior
– os rejeitos, para pessoas negras. Como a vergonha se escon-
de no espaço psíquico das sombras por todas essas centenas
de anos? Quando um complexo racial é desencadeado por um
sentimento de menos valia que aparece em comportamentos
ou sentimentos de vergonha e de não merecer o bem, não podemos deixar de ver padrões de autodestruição.

Quem fala por nosso valor e como aprendemos melhor a
linguagem interna do nosso valor próprio?

Essas foram questões levantadas em nossa reunião de domingo durante nossa discussão sobre o complexo racial. Esse
complexo dentro dos afro-americanos promove um senso de
polaridade. Essa polaridade é refletida no coletivo cultural
americano em todos os grupos étnicos. Descobrimos a falsidade de nos declararmos como um caldeirão cultural. Não somos isso. Somos mais como Jambalaya. Chegamos à América
de diferentes maneiras e sobrevivemos dentro de nossos grupos
culturais através da adversidade – alguns de nós mais do que
outros. Acredito que aprendemos a viver a teoria dos opostos
de Jung de maneira sociológica e psicológica por meio de nossos complexos raciais. A polaridade de que falou a participante
mulher abordava não apenas seu sentimento interno de estar
segregada de dentro para fora – estar separada do Si-mesmo
talvez – mas de se sentir alienada em uma casa, cidade, escola à
qual ela sentia que deveria pertencer. Ela sente uma polaridade
porque seu complexo racial, quando ativado, se conecta a um
sentimento de isolamento e rejeição por um Outro que se recusa a aceitar suas diferenças culturais. No mundo dos opostos
e da polaridade, só pode haver um "Outro" que seja aceitável.
História, dor emocional cultural, racismo coletivo, todos defi-

niram, para o indivíduo afro-americano que experimenta uma constelação negativa do complexo racial, qual Outro é aceitável. Essa decisão, experimentada repetidamente, assim como a resistência de qualquer complexo, vive no complexo racial.

Na nossa discussão de domingo, diferentes vozes continuaram a voltar à palavra trauma. Também falamos de trauma histórico. Essas são palavras que continuam a retornar para nossas conversas diárias, não apenas na sala naquele dia na Universidade Antioch, mas também na mídia, nas nossas salas de estar e nos nossos ambientes sociais. Parece que não conseguimos parar de falar do nosso trauma. Sinto que, como pessoas negras, levamos tanto tempo para chegar a este destino, neste momento em que quase podemos tocar, ainda não totalmente, abraçar nosso trauma histórico. Às vezes ainda dói demais como indivíduo e como alguém pertencente à cultura da escravização ancestral. Os séculos em que nascemos e vivemos em cativeiro humano fazem parte do nosso trauma histórico e intergeracional. Mal começamos a nos sentir e a ouvir nossas próprias vozes despertando para esse trauma. Não parece que estamos prontos ou preparados para renunciar a esse trauma histórico. Essa história e todas as mentiras históricas contadas e verdades omitidas na história americana contribuíram para um complexo racial coletivo americano que também existe dentro de cada um de nós que vivemos em solo americano, mesmo aqueles que chegaram como imigrantes – brancos, negros ou amarelos. Na América, existem "regras raciais" para cada "corpo de cor".

O trauma histórico afro-americano inclui o Holocausto Africano. Não nos esquecemos, pois só agora estamos despertando para uma consciência de lembrança. Essa nossa história, que inclui uma negação feroz e hipócrita pela estrutura racista da sociedade americana, tem apoiado e encorajado o desenvolvimento de um complexo racial que, embora eu esteja discutindo aqui com um foco nos brancos, na verdade pertence a todos os americanos. A perspectiva de Jung sobre o complexo racial em termos de brancos era que o "negro" estava sob a pele dos brancos.

Essa imagem dos afro-americanos como irritantes persistiu ao longo dos séculos, com pessoas africanas sendo tratadas como "o problema". Essa negação de nós como dignos, como parte da humanidade, merecedores de uma vida não escravizada, tornou-se uma parte às vezes reprimida, às vezes ativa, da consciência americana. Acredito que isso é parte do motivo pelo qual lutamos contra o racismo e exibimos todos os sintomas dele por meio de nossas atitudes e comportamentos. No coletivo, houve uma negação de séculos do racismo e das ações racistas, tudo florescendo sob o privilégio branco. No enterro das necessidades, bem-estar, prosperidade das pessoas africanas, a repressão de sua bondade, o que surge nas ações inconscientes de um Outro branco sinaliza a presença de trauma na forma de um complexo racial no inconsciente pessoal.

Acredito que o trauma histórico do Holocausto Africano ressoe muito mais alto agora do que nunca em nossa consciência desperta, porque tivemos tantos séculos de negação quanto à sua existência. As histórias e narrativas da escravização não eram consideradas importantes na contação da história das Américas. A narrativa superficial das vidas de milhões que morreram na travessia do Atlântico e como parte da escravização norte-americana criou um cobertor de conforto sob o qual a tragédia coletiva americana poderia residir na sombra.

E quanto à culpa branca? Isso foi parte de uma pergunta feita por um membro do grupo. Eu perguntaria "e quanto a um complexo de culpa branca em dualidade com um complexo racial branco?" Como esses complexos se apresentam em termos de raça, racismo, comportamentos e atitudes?

Outra mulher abordou sua própria questão pessoal de não acreditar que poderia possuir qualquer coisa – que nada poderia realmente pertencer a ela – nunca, nem mesmo seus próprios sentimentos. Ela tinha medo de que tudo pudesse ser tirado dela. Acredita que isso é parte de seu complexo racial como uma mulher negra. A primeira resposta a ela veio de um homem branco. Ele disse que nunca pensa nisso – porque foi criado como um homem branco americano para pensar na posse de qualquer coisa como uma forma natural de funcionamento.

Isso é parte do privilégio branco – parte de um complexo racial branco cultural? O que séculos de escravização e posse de milhões – seres humanos, terras, dinheiro — fazem aos complexos e padrões do inconsciente coletivo da psique que refletem a etnia?

Eu vejo o domingo que passamos juntos na Universidade Antioch como uma continuação do trabalho de Jung sobre a teoria dos complexos. Não acho que podemos ter apenas um local – salas solitárias para todas as perguntas, preocupações e ritmos da psique que se apresentam em nossas experiências individuais ou dentro do nosso coletivo do século XXI. Acredito que devamos ocupar todos os espaços que pudermos com conversas internas e externas, porque a tenacidade de nossos complexos raciais é implacável em sua capacidade de sobreviver, permanecer forte e causar dor emocional.

Em *As complicações da psicologia americana*, Jung afirma o seguinte:

> O contágio racial é um problema intelectual e moral muito sério onde o primitivo supera o homem branco. Na América este problema é apenas relativo porque os brancos superam em número as pessoas de cor. Aparentemente conseguem assimilar a influência primitiva com pouco risco para si mesmo. O que aconteceria se houvesse um incremento considerável da população de cor? (OC 10/3, § 966).

Talvez o contágio racial ao qual Jung se refere seja, na verdade, nossos complexos raciais. Nós, como americanos, certamente fomos todos contagiados, não importa o tamanho da população. Aparentemente, um dos medos mais relevantes de alguns que têm um complexo racial branco cultural, cem anos após Jung escrever as palavras acima, era o aumento da população negra. O que aconteceria se houvesse um aumento considerável da população de cor negra?

4
Infância

A formação de complexos psicológicos

Trauma inicial

Os primeiros traumas nos moldam mais do que podemos saber ou lembrar. Meu primeiro mundo de cores consistia em pecãs marrons com listras pretas que tinham caído no quintal de meu avô, que era jardineiro. Esse primeiro mundo incluía caquis pendurados nas árvores e uvas *concord* descansando em uma pérgula. Minha primeira identificação enquanto criança da cor negra se desenvolveu de maneira suave, entrando e saindo da minha consciência. Meu primeiro mundo estava cheio de pessoas negras – meus pais, minha avó, meu avô, tias e tios. Todos os tons ricos em chocolate. Meus amigos na escola e as freiras católicas, minhas primeiras professoras onde comecei o jardim de infância e permaneci por oito anos, eram todos da cor do chocolate. Meu mundo de cores não significava que eu era daltônica. Apenas significava que nasci em uma pequena cidade do Sul onde a segregação era um modo de vida. Até mesmo meu pediatra era da minha cor – um evento incomum naqueles dias de segregação rígida.

Quando notei pela primeira vez que minha cor significava algo para alguém além de mim ou daqueles da minha família imediata foi porque comecei a crescer e a fazer viagens ocasionais ao centro da cidade – atravessando a cidade, onde os donos de lojas eram brancos, os bebedouros eram marcados como "pessoas de cor" e o cinema local dizia que eu tinha que me sentar no mezanino. Embora meus pais falassem de racismo e segregação e do Klan, minha orientação ao meu mundo era a de pertencer a um grupo íntimo de indivíduos que compartilhavam minha língua, minha comida e tradições religiosas da Igreja AME.

Eu frequentava a Igreja Católica assim como a escola, mas Deus era segregado, e o padre branco era apenas uma pequena parte unidimensional do meu mundo infantil de cores. A ruptura que veio ao meu mundo idílico de doçura aconteceu porque eu cresci. Cornelius Eady diz muito bem em seu poema *Buckwheat's lamente*: "Espere até você crescer". Há tanta verdade nessas palavras. Minha infância teve uma quantidade notável de inocência. Foi assim em grande parte porque, mesmo quando algum colega de classe me machucava ou alguém invadia de maneira inadequada meu mundo, eu não sabia como interpretar isso como abuso ou insulto. Mas não escapei de toda a turbulência em minha casa de infância – acho que já havia começado a ficar insensível a isso desde cedo. No entanto, o desenvolvimento do complexo do ego em um ambiente culturalmente rico me protegeu do que poderia ter se tornado mais tarde atos severos de autodestruição.

As crianças demonstram um progresso de desenvolvimento relacionado à idade na concepção de raça, começando com o conhecimento das categorias de cores e culminando com a consciência conceitual das categorias raciais. Crianças de 3-4 anos, por exemplo, são capazes de categorizar por grupo racial com base na cor (pele marrom ou rosa), e crianças de 5-6 anos são capazes de identificar com precisão rótulos raciais com base em identificadores de cor de pele socialmente construídos (preto ou branco).

A formação de complexos raciais em crianças

Experienciamos a introdução e o crescimento de um complexo do ego que aprende defesa e autoproteção. Proponho que, além disso, também experienciamos o desenvolvimento de um complexo racial que se manifesta por meio de comportamentos e ações relacionados à raça, os quais podem ser de defesa ou agressão. Isso não é muito diferente do que Jung dizia na década de 1930; ele apenas não falou muito sobre o complexo racial. Ao expandir esse tema do complexo racial, faço perguntas a mim mesma, as quais desejo compartilhar. Minha primeira pergunta: se o complexo – no caso, o complexo racial – é uma parte separada da psique que vem do trauma, qual poderia ser esse trauma para uma criança negra? Acredito que minhas primeiras experiências de trauma, bem como de consciência cultural racial, vieram por meio dos meus pais. Também acredito que meus complexos parentais – especialmente o complexo da minha mãe – fizeram parte integral da minha iniciação à consciência racial. Era com minha mãe ou avó que eu geralmente viajava quando criança na nossa pequena cidade do Sul. Foi minha mãe quem primeiro me proibiu de beber de um bebedouro que tinha as palavras "apenas para pessoas de cor" escritas acima dele. Foram meus pais que se sentavam falando sobre homens brancos "loucos" em capuzes brancos que estavam aterrorizando pessoas negras em Myrtle Beach. Isso foi no fim dos anos 1950 e início dos anos 1960. Foi minha mãe quem ficou furiosa com minha avó quando ela me mandou trabalhar colhendo algodão quando criança em um verão. Isso realmente aconteceu. Eu devia ter 10 anos e estava ficando com minha avó enquanto minha mãe ia trabalhar.

A fúria da minha mãe era porque ela tinha uma visão diferente para mim – incluía obter uma educação. Essas foram as palavras ditas – obter uma educação. Essas eram palavras sagradas para uma mulher cuja própria mãe morreu aos 12 anos, o que a fez depender da família para cada refeição que consumia. Significava o mundo para ela que isso não acontecesse comigo e que eu obtivesse uma educação. As ações da minha avó paterna estavam em contradição direta com o que minha mãe sonhava para mim. Eu só vi minha mãe enfurecida quatro vezes na vida. Essa foi uma dessas vezes. Ela parecia uma pessoa possuída. Sei agora que uma energia arquetípica de raiva a possuía. Ela não podia e não seria dissuadida de sua raiva colérica e, por isso, se afastou da minha avó sem pedir desculpas.

O trauma de uma criança negra é acordar inesperadamente de manhã antes do amanhecer e ir a um campo para colher algodão o dia todo com estranhos. Isso aconteceu com meus ancestrais – com minha bisavó. Minha avó deve ter feito o mesmo porque não pensou em nada antes me enviar aos campos. Essa memória de ir aos campos era, acredito, uma memória arquetípica que ainda vivia no inconsciente e se tornou viva no comportamento da minha avó. Meu trauma naquela noite tornou-se uma parte separada da minha psique. Meu ego foi abalado pela intensidade da voz da minha mãe e seu comportamento em relação à sua sogra. Uma mulher que ela conhecia há um quarto de século. Eu testemunhei a raiva em sua forma mais pura e isso me abalou até o âmago – aquele lugar psicológico onde os complexos se desenvolvem. Acredito que naquele dia vi a constelação do complexo parental da minha própria mãe, bem como a energia arquetípica de um arquétipo materno protegendo sua filha e a emergência de um arquétipo de sombra cultural que era escuro e profundo na minha cultura do Sul. Eu fui traumatizada.

Acredito ser traumatizante para crianças negras observar o nível de violência a que podem estar expostas hoje em dia, não apenas na televisão, mas também em suas famílias e, às vezes, em seus bairros. Também acredito que os efeitos da escravização sobre nossa capacidade, como grupo cultural, de integrar e curar os resultados de seu impacto arquetípico e das leis de Jim Crow não desapareceram. Nossa vida atual nos informa que os efeitos de nossas diferenças culturais baseadas na etnia só se tornaram mais fortes no clima político diário. Crianças afro-americanas são baleadas e feridas devido a muitos fatores sociais.

Eu sugeriria que um dos fatores mais difíceis para nosso coletivo americano aceitar é que ainda estamos traumatizados pelos efeitos da escravização. Como americanos, não conseguimos resolver isso e, por não conseguirmos, crianças afro-americanas e seus pais vivem sob a mira de armas, figurativa e literalmente. Pobreza, falta de educação e a incapacidade de mudar as formas de pensar nos mantêm presos em um ciclo contínuo, vendo nossas crianças sendo levadas pela morte ou pelo sistema de adoção. O trauma dos pais é testemunhado, vivido e revivido dentro das crianças do meu grupo cultural.

Os indivíduos que deveriam proteger e cuidar dessas crianças muitas vezes podem cometer atos violentos contra as crianças afro-americanas. Existe uma tendência, uma forma de pensar entre alguns brancos que acreditam estar sempre em risco de serem prejudicados por afro-americanos. Como grupo cultural, geralmente pensamos o contrário. Para os brancos, isso se manifesta não apenas na crença de que alguém negro vai roubar sua bolsa, mas de muitas outras maneiras. Por exemplo, uma mulher branca chama a polícia ao ver um homem negro correndo para um prédio. Ela chama a polícia e diz que o homem está "agitado". Quando a polícia chega e encontra o homem no prédio da Universidade de Massachusetts, descobre que ele trabalha naquele prédio há 14 anos, após sua corrida matinal. Posso dar vários exemplos.

Uma mulher negra no Brooklyn estava parada fora da chuva sob o toldo de um prédio esperando seu Uber. Uma moradora do prédio saiu e lhe disse para sair ou chamaria a polícia. A mulher negra disse que estava apenas esperando pelo serviço de carro, que sairia em breve. Não foi rápido o suficiente para a mulher branca. Ela, então, ameaçou o motorista do Uber dizendo que chamaria a polícia porque ele estava pegando a mulher negra que há muito tempo havia se movido para a calçada sob a chuva. Toda a situação foi filmada. A ameaça da polícia é real. Não há engano quando se é uma pessoa negra, mesmo sendo um cidadão cumpridor da lei.

Quando você é negro, as percepções de má conduta em relação a você aumentam em 100%. Quão traumatizante é, como criança, crescer sabendo que sua mãe está completamente estressada e preocupada com sua própria existência? E que você pode ter um alvo nas costas se não "agir corretamente"? Infelizmente, você tem um alvo nas costas, não importa como aja. Um último exemplo – uma tragédia. Um homem está em seu apartamento quando uma policial entra. Ela mora no mesmo complexo de apartamentos. Ela atira nele alegando ter pensado se tratar de um criminoso que iria atacá-la. Era o apartamento dele, que ela agora alega ter entrado por engano, mas ele está morto. Ela é branca e ele era um jovem negro.

Crianças negras com seus próprios complexos raciais constelados herdarão ansiedade e medo desencadeados por esses complexos. Cada complexo tem um tom emocional. Posso dizer que complexos raciais podem ser ativados com um tom de ansiedade, assim como de raiva? É complicado falar de raiva como um aspecto de um complexo racial para afro-americanos. Isso porque uma das projeções mais difíceis de suportar na cultura afro-americana tem sido a de "pessoas negras raivosas". Isso porque o grupo cultural merece sua raiva. O que se espera após séculos de escravização e séculos de negação coletiva?

A raiva pertence mais a uma criança negra do que a uma criança branca? Tudo é projeção sobre essa criança negra? O complexo racial dessa criança negra é constelado pelas emoções de seus pais, de um professor, de um treinador, como fator influente racial? Faço essas perguntas porque, se acredito no conceito de complexo e que existe um complexo racial, como Jung indicou, não deveria fazer mais perguntas do que Jung em relação à natureza desse complexo?

Na formação do complexo racial de uma criança negra, quanta intensidade e sofrimento psicológico ocorrem devido ao racismo institucional coletivo? Joy DeGruy (2005), em seu livro *Post traumatic slave syndrome*, diz o seguinte:

> A escravização foi um processo intrinsecamente cheio de raiva e violência [...] Não é de admirar que estejamos com raiva. Mesmo quando nos sentimos bem, uma raiva sempre presente reside logo abaixo da nossa superfície. Raiva pela violência, degradação e humilhação infligidas a nós mesmos, aos nossos ancestrais e aos nossos filhos; raiva por sermos relegados às margens da sociedade em que vivemos, raiva pela deturpação e trivialização de nossa história e cultura, e finalmente, raiva por vivermos na nação mais rica do mundo e não termos acesso igual às suas riquezas (p. 133).

Estamos pelo menos no ponto de nosso coletivo americano onde podemos reconhecer que a maioria das instituições americanas incluiu o racismo como um fator de suas origens. Parece-me que o ambiente educacional é um lugar que muitas vezes promove os efeitos repetidamente traumatizantes do preconceito racial.

Isso seria desde o caso Brown contra o Conselho de Educação em 1954 até os tempos atuais. A maioria das crianças negras frequenta escolas públicas. Muitas escolas em bairros negros continuam sem livros suficientes, oportunidades de aprendizado ideais e às vezes até água potável de qualidade – por exemplo, Flint, Michigan – ainda hoje. Quando consideramos crianças negras em ambientes de aprendizagem medíocres, com condições desse tipo, consideramos que o preconceito racial é parte da razão para tais condições, e que estas ajudam a moldar um complexo racial ligado a complexos de baixa autoestima ou inferioridade?

Crianças negras expostas ao preconceito racial, seja nas condições precárias da escola ou nas do professor, experimentam uma constante e reforçadora reexposição ao trauma da baixa autoestima. A tentativa de alcançar é diminuída pelos baixos padrões de expectativa. Espera-se que a criança negra aprenda os elementos da cultura branca – houve uma vez um confronto significativo contínuo em relação ao Ebonics. A criança negra deve suportar a pressão de esquecer sua própria identidade cultural em favor de uma experiência de aprendizado branca que reflete muito pouco de sua vida familiar ou grupo cultural. Posso ver a ansiedade que seria parte da experiência educacional inicial de qualquer criança negra. E isso não para por aí. Já vi a insegurança de homens e mulheres afro-americanos na faculdade que continuam a manifestar o que aparece como complexos de inferioridade interagindo e inicialmente estimulados por um complexo racial. A comparação constante do conhecimento possuído pelos brancos e o medo da falta de conhecimento experimentado pelos afro-americanos em um ambiente de aprendizado começam desde cedo.

Ao lembrar uma das características do complexo – ele não desaparece ou some – posso ver e ouvir histórias de adultos negros que aprenderam desde cedo que não poderiam competir contra crianças brancas e seu "conhecimento" branco. O trauma de se sentir inadequado e incapaz de aprender e crescer pode eventualmente levar à desistência da escola. Vemos isso nos números de evasão de estudantes afro-americanos nas universidades. Quanto a repetição do trauma de um complexo racial influencia a falta de confiança, segurança e foco no sucesso para obter um diploma universitário para estudantes negros? Acredito que essa é uma pergunta importante. Eles se perguntam: "Eu sou o problema? Aquele com o problema?"

A citação a seguir é do *Handbook of African American psychology*:

> Os afro-americanos podem demonstrar uma experiência única de ansiedade que ainda não foi articulada nos textos diagnósticos. Estudos mostram que o transtorno de pânico caracterizado por ataques de pânico recorrentes inesperados, preocupação persistente sobre ter outro ataque e as implicações e consequências dos ataques de pânico são apresentados de forma única entre os afro-americanos (Neville *et al.*, 2009, p. 402).

Complexos em si não são anormais. Eles são aspectos da psique que eu diria terem suas próprias personalidades. Os resultados das ações que surgem da constelação do complexo podem ser vistos como negativos ou positivos, dependendo das circunstâncias. Jung, ao falar dos complexos, disse que os brancos tinham uma experiência de um complexo negro – debaixo de sua pele, implicando uma experiência negativa. Por outro lado, Jung também sugeriu que o negro queria ser branco. Essa não é uma nova forma de pensar. Em nosso coletivo americano, tivemos muitas discussões sobre como as pessoas negras querem ser brancas e vice-versa – especialmente quando Eminem começou a fazer sua música. Qual é o trauma da inveja e do ciúme que pode moldar o ego da criança?

É negativo para um complexo racial cultural negro querer uma habitação melhor, a melhor educação para si e para os filhos, um ótimo emprego? Será que o complexo racial que se desenvolve nas crianças negras vê a vida material rica de um Outro branco e quer destruí-la? Acredito que essa pergunta opera mesmo agora em nosso coletivo. Creio que parte do que impulsiona a energia por trás do movimento Trump é o desejo de destruir o que os afro-americanos conquistaram desde a escravização, como a ação afirmativa, os direitos civis, melhores oportunidades de educação. A possibilidade de centro-americanos e sul-americanos virem para cá e também fazerem conquistas parece intolerável para muitos que querem "tornar a América grande novamente". E quanto ao trauma causado a milhares de crianças não brancas trazidas para cá em busca de uma vida melhor, separadas de seus pais e colocadas em gaiolas? O que pensamos sobre os complexos raciais traumatizados dessas crianças? Muitas delas ainda estão separadas de seus pais enquanto escrevo estas palavras.

Se os complexos são "normais", então o que há de diferente em um complexo racial? O que pode ser bom sobre ele? Eu acredito que o reconhecimento desse complexo – como de qualquer outro complexo – aumenta nossa consciência. Jung diz que muitas vezes isso é tudo o que podemos esperar – aumento da conscientização consciente. Mas isso é suficiente diante de complexos raciais constelados com tons emocionais elevados de raiva e ira? É da natureza desse complexo particular sempre incluir racismo, atos odiosos e violência? Eu proponho que o arquétipo central desse complexo racial seja a Sombra.

Como isso se desenrola na vida das crianças afro-americanas que já têm um senso de impotência, como a maioria das crianças têm de qualquer maneira? O preconceito racial instiga o desenvolvimento desse complexo e sua moldagem na direção do negativo? É "normal" desenvolver dentro da minha mente infantil e corpo emocional ódio de mim mesma por causa da cor da minha pele? O trauma do complexo racial contribui para minha defesa em um coletivo que diz que devo ser defendida porque a segurança pode ser escassa e estou

75

sempre em risco. Não apenas porque um coletivo maior assim o diz, mas também porque é uma característica marcante do meu coletivo cultural. E além disso, minha mãe e meu pai também me disseram isso em apoio à minha sobrevivência. Há normalidade no complexo racial? Como ele se manifesta? Eu acredito que sim, porque desejo aprofundar meu autoconhecimento e a presença desse complexo no meu inconsciente pessoal pode causar dor emocional e aumentar a consciência do ego. Minha experiência de ciúme me levou a um lugar psicológico mais profundo. Ao falar com uma amiga branca, ela começou a chorar ao reconhecer que seus ancestrais acumularam fortunas milionárias às custas dos meus por meio da escravização. Mais tarde, percebi que uma das principais emoções que senti foi ciúme, pelo que meus ancestrais não conseguiram alcançar e pelo aspecto financeiro da minha vida e da vida dos meus próprios ancestrais. Antes disso, não acredito que tivesse sentido verdadeiro ciúme. Essa emoção surgiu diretamente como resultado da constelação do meu complexo racial. Agora eu sabia o que era o ciúme e também o que não era na minha experiência individual. Se meu povo tivesse recebido reparações, eu teria sentido essa emoção? Eu não sei, mas talvez fosse encontrada apenas raiva – uma revisitação daquele lugar emocional em vez de ciúme.

Hans Dieckmann (1999), em *Complexes: Diagnosis and therapy in analytical psychology*, diz:

> Na psique saudável, um sistema inteiro de diferentes complexos, cada um com sua qualidade única, está relacionado entre si. Por meio de uma identificação parcial, o ego saudável pode utilizá-los quando necessário por várias situações de vida para dominar a tarefa em questão.

Não pretendo ter todas as respostas para as questões que coloco sobre o complexo racial, o preconceito racial e o racismo. Convido todos a refletirem sobre algumas das ideias apresentadas neste texto. Pensemos em nossas próprias experiências como americanos, como junguianos, e vejamos quais partes da Sombra a luz pode iluminar.

Crianças afro-americanas e preconceito racial

Venho de uma linhagem ancestral na qual o preconceito racial era pronunciado, destrutivo e pervasivo em todas as áreas da vida. Isso não é uma reclamação específica. É um fato da vida africana. Não preciso ir muito longe além da falta de educação formal dos meus próprios pais e de sua insistência para que eu recebesse uma boa educação para saber disso. O preconceito racial que meus pais enfrentaram foi precedido pelo de seus pais e pelos pais destes. Não venho de uma linhagem de escravizados que encontraram seu caminho através da ferrovia subterrânea escapando para o Norte. Meus ancestrais chegaram em Charleston, na Carolina do Sul, em navios negreiros e permaneceram em sua comunidade Gullah por séculos. O preconceito racial que os recebeu também sobreviveu por séculos. Quando Dylan Roof entrou em uma igreja em Charleston, Carolina do Sul, e matou nove afro-americanos, eu lamentei não apenas por suas vidas, mas também pelos membros da minha linhagem ancestral que tiveram que suportar o preconceito racial naquela cidade enquanto permaneciam em blocos de leilão e, mais tarde, trabalhavam nas plantações de arroz da região.

O preconceito racial ainda existe, e acredito influenciar a construção do racismo e apoiar a constelação de complexos

77

raciais individuais, bem como complexos raciais culturais coletivos. Creio que esse preconceito faz parte do ciclo contínuo de preconceito racial, trauma e complexos raciais. Acredito que esse ciclo comece na vida das crianças, promovido pelo evento arquetípico da escravização, pelo impacto intergeracional do preconceito racial e pelas emoções não resolvidas dos complexos. Enquanto reviso este texto, ouço que cinco policiais em Florence, Carolina do Sul, foram baleados. O que podemos aprender e compartilhar com outros sobre nossos complexos raciais, preconceito racial e trauma cultural? O trauma cultural coletivo se manifesta como tendo um complexo racial cultural, formado e nutrido pela escravização inicial e ao longo de séculos por vários aspectos racistas da vida americana. No entanto, nossos complexos raciais começam dentro do indivíduo quando, na infância, enfrentamos pela primeira vez o trauma.

Mesmo que não experimentemos diretamente um evento racial traumático na infância, acredito que o encontraremos porque nossos próprios pais sofreram dessa maneira e carregam a dor intergeracional do trauma cultural devido à escravização e seus efeitos. Síndrome pós-traumática do escravizado. A ideia de Jung sobre a teoria dos opostos contribuiu muito, provavelmente de maneira não intencional, para promover o racismo americano. Samuel Kimbles (2014), em *Phantom narratives*, falou eloquentemente sobre as questões raciais inerentes a grupos que têm seus próprios rituais culturais e ritos de passagem. Um de nossos ritos marcantes foi a passagem dos africanos para as Américas como escravizados. Acredito que esse evento ainda seja um assunto muito desconfortável para muitos americanos, mesmo que ainda não tenhamos começado a entender profundamente o trauma psicológico ainda vivido pelos descendentes de escravizados. A escravização foi um evento horrível que durou séculos. Sua influência ainda persiste e frequentemente domina nossa sociedade contemporânea.

A tentativa de supressão e repressão de nossos complexos raciais individuais e coletivos só lhes dá mais energia. Infelizmente, em nossa amnésia inconsciente, continuamos a viver nossos medos por meio de complexos raciais expressos mais frequentemente por meio do racismo, ações racistas e trauma da memória coletiva.

Jung diz: "Os complexos são de tal modo desagradáveis, que ninguém, em sã razão, deixa-se convencer que as forças instintivas que alimentam o complexo podem conter qualquer coisa de proveitoso" (OC 8/2, § 211). Essas são as palavras de Jung. Pode haver alguma surpresa em evitarmos, dentro de nossa área da psicologia junguiana americana, uma discussão profunda sobre complexos raciais, preconceito racial e trauma cultural relacionados a indivíduos da linhagem africana?

5
Uma constelação cultural

Antes do meu treinamento e prática em psicologia jun-guiana, eu frequentemente pensava na constelação como um fator de algum evento celestial. De fato, mesmo dentro da literatura da psicologia junguiana, há referências ao inconsciente e seus elementos de complexos e arquétipos como se assemelhando ao nosso céu noturno. A definição de Jung sobre a constelação é a seguinte:

> Este termo exprime o fato de que a situação exterior desencadeia um processo psíquico que consiste na aglutinação e na atualização de determinados conteúdos. A expressão "está constelado" indica que o indivíduo adotou uma atitude preparatória e de expectativa, com base na qual reagirá de forma inteiramente definida. A constelação é um processo automático que ninguém pode deter por própria vontade. Esses conteúdos constelados são determinados *complexos* que possuem energia específica própria (OC 8/2, § 198).

Atualmente, a partir do trabalho psicanalítico, tenho uma compreensão mais profunda da constelação em termos da experiência psicológica consciente e inconsciente dos pacientes, das instâncias coletivas culturais que ocorrem e das minhas próprias experiências pessoais.

Acredito que o Holocausto Africano foi um acontecimento genocida para milhões de africanos e, posteriormente, descendentes de afro-americanos, que os seguiram. A importância desse evento não pode ser subestimada, pois por séculos permitiu prosperidade econômica e social para os brancos nas colônias americanas. Baseio-me na compreensão do que poderia significar ter uma "situação exterior" como a escravização americana e o racismo Jim Crow que "desencadeia um processo psíquico" que consiste na "aglutinação e na atualização de determinados conteúdos".

Da mesma forma que os indivíduos se constelam, sugiro que grupos de indivíduos podem se constelar e se envolver em comportamentos humanos que refletem uma reunião de energia psíquica motivada em uma direção particular impulsionada por um complexo cultural (Jung, Henderson, Kimbles). Nossas conversas e literatura coletivas americanas e junguianas têm estado vazias de discussões sobre os processos psicológicos inconscientes que ocorreram por causa da escravização – o Holocausto Africano e suas consequências. Em minha discussão sobre complexos raciais, busco refletir sobre esse aspecto de um complexo cultural. Não estou distante das minhas considerações sobre esse processo, uma vez que eu, assim como meus antepassados africanistas antes de mim, fui/ fomos afetados por complexos raciais ativados. Diria que, em parte, é devido ao meu próprio complexo racial que escrevo sobre esse tema específico e busco maior compreensão nessa área de estudo. Jung observou que devemos ser tomados, possuídos por "algo" pelo qual temos paixão. Esse tipo de disposição para permitir a transcendência do ego por meio de um Si-mesmo mais profundo é o que proporciona a maior quantidade de satisfação emocional na vida. Assim como complexos ou energias arquetípicas, nossas paixões de vida devem nos reivindicar. Não as temos – elas é que nos têm.

O Holocausto Africano resultante do sequestro de africanos e sua escravização forçada apoiou o desenvolvimento de um trauma psíquico inconsciente. Esse trauma inicial foi o "pedaço" quebrado do psiquismo dentro da consciência cultural africana. Essa é uma ideia que pode parecer estranha ou inaceitável, em parte porque estamos tão acostumados a pensar em nossos próprios inconscientes como contendores de todo o inconsciente, em vez de ele nos conter. Também pode parecer inaceitável, porque tendemos a pensar nos processos psicológicos como ocorrendo dentro dos indivíduos e não no grupo. Uma exceção a essa experiência em termos de um coletivo cultural foi o Holocausto Judeu do século XX.

O tempo, a negação e a opressão – sendo esta última um dos elementos-chave do Holocausto Africano – impediram que ele fosse explorado de maneira que não apenas considerasse a erupção externa ocorrida, mas também o material psíquico interno do inconsciente que afetou milhões de pessoas africanas. Quando há um trauma compartilhado, espera-se o desenvolvimento de complexos compartilhados. Esperava-se que os milhões que foram afetados transmitissem seu trauma aos que os seguiram de maneira intergeracional. Está se tornando mais evidente com nossos estudos de neurociência, neurônios espelho e epigenética que até duas gerações de trauma causarão trauma ao longo das gerações subsequentes por muitas gerações. O grupo cultural experimentará o trauma psíquico que o indivíduo experimenta. Em minha consideração dos indivíduos africanos chegando em navios negreiros e todos os milhões que deles descendem, não posso negar o possível dano psicológico infligido a eles ao longo dos séculos. Dentro de nosso coletivo americano, inicialmente ignoramos todo o dano causado pela Passagem do Meio. A princípio, nem era importante o suficiente para mencionar em nossos livros de história, exceto o reconhecimento de europeus como Colombo por suas "descobertas". Depois, apenas algumas frases admitindo que a escravização americana de fato existiu. A criação da escravização e seu racismo cruel resultante na sociedade americana foram integrados à essência de todas as instituições americanas.

Os escravizados africanos e seus descendentes pagaram em nível intergeracional por esse tipo de racismo institucionalizado. Na negação do racismo institucionalizado, o coletivo foi capaz, por muitos séculos, de negar a existência de um tratamento ilegal e desumano aos africanos. Enquanto escrevo estas palavras, alguns parecem querer continuar na negação; porque acredito ser difícil pensar psicologicamente ou considerar quão drástica e severa a escravização deve ter sido para aqueles homens, mulheres e crianças que estavam presos nesse sistema explorador e punitivo.

Creio que uma razão pela qual esse sistema pôde durar tanto quanto durou foi por causa da profunda negação sombria do verdadeiro dano infligido aos seres humanos capturados. Penso que os comportamentos agressivos genocidas, mostrados durante e após a escravização até a era Jim Crow, exigiam uma sombra psicológica coletiva completa para continuar funcionando no nível que funcionou até os primeiros dias do Movimento pelos Direitos Civis.

Se podemos acreditar em uma consciência existente dentro de cada um de nós em nível individual, então eu expandiria essa ideia de consciência para nós como seres humanos dentro de uma consciência de grupo. Como alguém pode experimentar o reino psíquico interno do inconsciente pessoal – o lugar dos complexos dentro do grupo cultural? Como alguém pode se identificar com esse grupo e o que o define? Eu acredito que, na América, temos sido definidos pela nossa pele por tanto tempo que é difícil não ter isso usado como um marcador de identificação (Brewster, 2017). Isso por si só não é o grande problema. É mais tudo o que acompanhou o desenvolvimento da cultura da pele e seu vínculo inseparável com raça e racismo.

O reconhecimento da nossa relação com um grupo particular começa a se formar desde o nascimento, talvez até mesmo antes, porque podemos conhecer ainda mais cedo, em um nível arquetípico, nossos eu psíquicos. Se isso é verdade – que chegamos com um eu psíquico – uma memória, um DNA arquetípico, então podemos nos encontrar muito facilmente com o primeiro espelho – nossas mães. Nesse ver e juntar-se ao Outro, começamos a nos ver. Crescemos no reconhecimento de nós mesmos em uma identidade que continua ao longo da vida.

Uma parte central dessa identidade é o reconhecimento da raça – ou melhor, o reconhecimento da etnicidade. Aprendemos desde cedo a qual grupo pertencemos e a quem – dentro das nossas famílias imediatas e das "famílias" do nosso grupo cultural. Dentro do nosso coletivo americano, isso é e sempre foi apoiado pela nossa consciência coletiva em torno da "raça" – embora sejamos uma raça, isso era e (ainda é) amplamente inaceitável no uso mais amplo da linguagem para falar ou definir como estamos unidos. A palavra "raça" nos divide, enquanto a palavra "etnicidade" nos permite manter nossas identidades únicas ao reconhecer diferenças culturais.

Os complexos culturais de "raça" dentro da constelação africana do inconsciente estão implicitamente ligados ao evento arquetípico da escravização americana. Eu não acredito que nós, como grupo étnico, algum dia sejamos capazes de nos afastar das erupções inconscientes causadas pelo Holocausto Africano. Esse evento psicológico profundamente gravado tem e continuará a nos definir como grupo cultural de quase a mesma maneira que fomos fisicamente mantidos cativos e definidos pela escravização. Um dos aspectos duradouros do complexo é que, segundo Jung, ele não desaparece. Podemos trabalhar em sua transformação e reconhecê-lo quando aparece – às vezes, mas nunca nos libertaremos completamente desse aspecto psíquico do inconsciente. Se o complexo dentro do inconsciente pessoal nunca nos deixa, então eu anteciparia que, em nível de grupo, teríamos a mesma experiência. Eu acredito que podemos ver isso nos comportamentos que ocorrem dentro de grupos de pessoas quando eles se tornam "constelados" – seja para o bem ou para o mal. Seja na captura de indivíduos africanos e empilhamento de seus corpos em navios negreiros, ou judeus em trens rumo aos campos de concentração/morte nazistas. Ambos esses eventos catastróficos mostram as constelações culturais de um complexo racial que incluía a Sombra coletiva.

Acredito ser importante abordar o aspecto racial do nosso complexo cultural de grupo, pois isso é crucial para a saúde mental não apenas daqueles de ascendência africana que vivem hoje, mas também para aqueles que estão por vir. É importante porque foi tratado como irrelevante e sem importância no campo da psicologia. É importante porque oferece validação e reconhecimento a um grupo dentro da comunidade humana de seres que foram categorizados por séculos como "bestas" e "reprodutores". Há aqueles que podem discordar e sentir que é melhor nos deixar no escuro, nas sombras. Eles podem acreditar que não é importante o que ocorreu antes, durante ou depois da escravização. Todos esses períodos de tempo são significativos. As vidas dos africanos antes da escravização estavam em sua própria trajetória, tendo seu próprio *télos*. A introjeção da exploração cultural europeia causou um trauma cultural do qual as pessoas africanas ainda não se recuperaram. Como consideramos a recuperação desse tipo de trauma cultural?

Descobri que a ausência de discussão generalizada dentro do amplo campo da psicologia e dentro da área menor da psicologia junguiana inibe a recuperação. Não podemos nos recuperar daquilo que negamos em nível individual ou de grupo.

A opressão coletiva americana como parte do complexo racial se estendeu a todas as partes da vida humana – corpo, linguagem e mente. Eu incluiria o inconsciente e sua importância vital para encontrar uma compensação saudável entre a consciência do ego e partes inconscientes como complexos, energias e padrões arquetípicos. Seria muito difícil encontrar essa boa relação de ação compensatória quando a opressão está constantemente sendo energizada em nível de grupo por meio da escravização.

Como podemos imaginar isso em um nível inconsciente? Vemos seu resultado nas vidas dos escravizados – em suas narrativas de escravizados. Essa escrita visa nos ajudar a desenvolver uma imagem, visão, palavras para nos mover para fora da negação em direção a uma aceitação de mais do que uma possibilidade, mas uma realidade atualizada de traumas culturais que causam constelações complexas culturais. Muito do que finalmente aprendemos, não sabemos ou queremos manter nas sombras sobre a escravização americana busca sua própria liberação como parte da constelação do complexo racial do grupo cultural. Essa é a "erupção" que nós, como coletivo americano, experimentamos no fim da década de 1950.

Constelações históricas

A Guerra Civil Americana para acabar com a escravização já tinha terminado há cem anos quando o tumulto civil, a rebelião e a demanda pelo fim das leis Jim Crow cresceram em um movimento que tinha toda a força energética de um complexo assumindo a consciência egóica de grupo em um nível massivo. Penso que as contínuas repercussões dos direitos civis em nossas vidas hoje, como a busca por reparações, leis de direitos dos votantes e liberdades civis, refletem esse rompimento do movimento pendular da energia arquetípica da escravização para a liberdade. Sempre houve um "empurrão" arquetípico coletivo cultural pelos que eram escravizados para se libertarem.

Os anos pós-Guerra Civil foram um período inicial de esperança e expectativa no poder dos afro-americanos de obter seus direitos civis durante a Reconstrução. O movimento da energia arquetípica de grupo que libertou os escravizados também serviu para intensificar as demandas raciais culturais dos brancos que haviam "perdido" a Guerra Civil. A Confederação pode ter perdido para os Yankees nos campos de batalha, mas seus si-mesmos inconscientes encontraram expressão por meio da formação de grupos como a Ku Klux

Klan. Creio que esse envolvimento inicial inconsciente com o complexo racial emergiu tanto em negros quanto em brancos, impulsionados pelo desejo arquetípico de poder e controle, sendo que os primeiros tentavam finalmente experimentar o poder de ter liberdade da escravização. Os últimos queriam encontrar algum controle sobre aqueles que haviam sido escravizados e agora eram "livres". Os opostos arquetípicos de liberdade e escravização foram constelados no pós-Guerra Civil em grupos etnicamente divididos. Esse tem sido um dos nossos legados americanos dos quais continuamos buscando alívio psicológico.

A história das constelações culturais coletivas envolvendo raça tem fluído e refluído ao longo dos séculos. Ao considerar a extensão do tempo da escravização americana, seria natural esperar que o período após a emancipação levasse mais de cem anos. A enorme erupção do Holocausto Africano não poderia ser resolvida apenas com uma Proclamação de Emancipação. Ao ler alguns dos jornais e escritos pessoais daquela época, parece que a esperança por uma nação pacífica sem escravização era muito forte. Parecia que muito poucos levavam em conta o trauma psicológico causado pela escravização na psique americana.

Entretanto, é importante lembrar que Jung nasceu após 1875, anos após a "liberdade" oficial dos escravizados americanos. As ideias e teorias sobre psicologia moderna estavam apenas começando com Freud, Janet e Ferenczi. Os eventos históricos que levaram à constelação do complexo racial de grupo das décadas de 1960 e 1970 já estavam se formando antes dos dias desses pioneiros da psicologia moderna. No caso de Jung, que teve visões e sonhos de um oceano ensanguentado e uma previsão de morte, detalhados em seu livro *Memórias, sonhos, reflexões*, os soldados afro-americanos lutaram e morreram na Alemanha durante a Primeira Guerra Mundial. A batalha cultural europeia que se espalhou pelo mundo envolveu homens negros que se perguntavam sobre seu lugar nesse envolvimento, da mesma forma que fizeram na Segunda Guerra Mundial. Eles refletiram sobre sua responsabilidade de lutar por uma paz europeia e americana que não estavam alcançando em casa. Essa dúvida quanto à sua falta de liberdade e direitos se manifestou por meio de desmoralização e insatisfação emocional enquanto lutavam pelos outros, cientes de seu próprio desespero.

Durante o curso das duas guerras mundiais, especialmente na década de 1940, acredito que um complexo racial afro-americano começou a ser preparado para se constelar na década seguinte. Esses homens que lutaram não esqueceriam o efeito arquetípico da escravização em suas famílias e ancestrais. Como a energia arquetípica de uma Guerra Civil Americana poderia interagir com seus complexos raciais? Uma vez que seu *status* político, social e econômico basicamente não mudou muito desde essa guerra, nem desde a Guerra Hispano-Americana de 1892, como esses engajamentos para lutar e salvar a liberdade de outros, como os cubanos, ativaram um complexo racial que lembrava a repressão e opressão do Sul?

Dentro do contexto de entender que os complexos fazem parte de uma narrativa psicológica que não nos deixa, como podemos pensar nas erupções de constelações culturais que seriam precursoras de complexos racialmente ativados mais significativos ao longo do tempo? Acredito que criamos narrativas históricas que nos dão muitos dos fatos dos eventos de nossas guerras americanas – lutadas aqui e no exterior. Apenas começamos a considerar em nossa literatura e discussões o trauma psicológico, psíquico e intergeracional causado por um complexo cultural impulsionado por questões raciais e nunca dentro do contexto da guerra americana. Os complexos sobrevivem e continuam a existir devido a associações emocionalmente dolorosas do passado. Como isso pode ser vivido no comportamento daqueles que experimentaram a guerra? Qual é o conflito psicológico de opostos dentro da psique que busca clareza ao arriscar a vida para salvar a de outro que, em circunstâncias diferentes – em solo americano, poderia estar tentando acabar com sua vida? Isso poderia causar dissociação, uma forte emoção de raiva, uma profunda tristeza? Ao pensar no estresse da guerra, sendo um soldado, e no que entendemos agora sobre transtorno de estresse pós-traumático, como isso se aplica aos soldados afro-americanos lutando uma batalha psicológica em dois *fronts*? Eu não acredito que a discriminação racial que experimentaram durante o treinamento militar seja esquecida. O privilégio branco que sofreram, mas outros desfrutaram por sua cor da pele em vez da habilidade, poderia ser esquecido. O soldado afro-americano lutando em solo estrangeiro pela liberdade dos outros estava muito consciente de quão limitada era sua própria vida devido ao racismo. Isso adicionou um fardo à sua vida enquanto lutava por outros que um dia voltariam a desfrutar dos direitos humanos básicos, algo difícil de experimentar em sua própria casa, cidade e país.

As guerras externas em solo estrangeiro foram um fator contribuinte que criou circunstâncias externas para os afro-americanos avaliarem e compararem suas próprias vidas americanas de forma ainda mais profunda dentro de um complexo racial negativo. As energias arquetípicas da sombra, da escravização e da liberdade ganharam força e se tornaram mais evidentes no início do século XX.

Nós nos imaginamos e nos conhecemos tanto pelo ego quanto pelo inconsciente. Nesse caso, os afro-americanos poderiam começar a perceber, no início do século XX, que a liberdade e os resultados esperados não seriam obtidos da maneira que imaginavam. O terreno psicológico para o pensamento coletivo americano foi intensificado em 1915 com a criação do filme *O nascimento de uma nação*. Esse filme prestou homenagem aos direitos, privilégios e superioridade dos brancos sobre os afro-americanos. Recebeu elogios de muitos pela clara declaração de preconceito racial que promovia. As imagens de negros sendo linchados e aterrorizados por brancos com capuzes foram acrescentadas à sombra coletiva americana do racismo, com uma constelação de um complexo racial branco. O filme devolvia um senso de poder e controle perdido na Guerra Civil – uma crença na totalidade da supremacia branca. O trauma psíquico quebrado do complexo racial branco achava um lugar para encontrar consolo. A raiva suprimida e a fúria dirigida aos negros poderiam encontrar expressão nos comportamentos constelados do complexo racial branco.

A revolução cultural branca tomou forma em um novo século. "No primeiro ano do novo século, mais de 100 afro-americanos foram linchados, e antes do início da Primeira Guerra Mundial, o número havia disparado para mais de 1.100" (Franklin & Moss, 1997, p. 312). Isso retornou em nosso século XXI, com algumas partes familiares em exibição – supressão de votos, linguagem racista violenta contra pessoas negras – promoção da supremacia de pessoas brancas e uma raiva que pode matar.

Nos anos entre as guerras mundiais – podemos pensar neles como o período de descanso, período não ativo do complexo cultural, com uma exceção – os afro-americanos continuavam a sentir os efeitos de um complexo racial branco cultural que refletia a educação deficiente das crianças negras e a discriminação contra elas em habitação e emprego. A criação da Associação Nacional para o Progresso das Pessoas Negras (NAACP em inglês), formada em 1907, lutou para promover a igualdade na vida americana para todos os afro-americanos. Em todas as áreas da vida afro-americana, o racismo se manifestou – até mesmo socialmente. Décadas depois, a luta continuou. Em 1939, Marion Anderson foi impedida de cantar no Constitution Hall pela Associação das Filhas da Revolução Americana. Em vez disso, ela conseguiu se apresentar no Memorial Lincoln para uma multidão de 75 mil pessoas.

A década de 1940 viu a construção energética e a exibição de complexos raciais. A Segunda Guerra Mundial se reproduziu como o engajamento arquetípico de nações lutando umas contra as outras em um nível cultural/tribal. Isso continuou para afro-americanos e brancos em um nível coletivo nos anos anteriores à entrada da América na guerra. Um dos piores eventos que mostrou os complexos racialmente ativados dos afro-americanos e brancos foi o "motim racial" de Detroit, o qual ocorreu em junho de 1943. O engajamento inicial foi devido a uma briga entre dois homens – um negro e um branco.

> A altercação se espalhou rapidamente para envolver várias centenas de pessoas de ambas as raças. Rumores selvagens, como de costume, varreram a cidade. Em poucas horas, negros e brancos estavam lutando em grande parte de Detroit. Quando o governador hesitou em declarar lei marcial e convocar tropas,

brancos começaram a percorrer as ruas, queimando carros de negros e espancando um grande número de pessoas negras. Nada eficaz foi feito para trazer ordem ao caos até que o presidente Roosevelt declarasse estado de emergência e enviasse 6.000 soldados para patrulhar a cidade. No fim de mais de trinta horas de tumulto, 25 afro-americanos e 9 brancos haviam sido mortos, e propriedades avaliadas em vários milhares de dólares foram destruídas (Franklin & Moss, 1997, p. 453).

Outro campo de um conflito energético feroz foi na área militar americana. À medida que a América se preparava para se industrializar com o intuito de entrar na guerra, a discriminação contra os negros era evidente em sua inclusão não apenas nos preparativos para a guerra, mas também nas forças armadas.

À medida que os afro-americanos viam os salários dispararem nas fábricas com grandes contratos de defesa e nenhuma mudança na rígida política antinegros na indústria, eles desenvolveram um programa para ação drástica. Em janeiro de 1941, A. Philip Randolph, presidente da Brotherhood of Sleeping Car Porters, avançou a ideia de 50.000 a 100.000 negros marcharem em Washington e exigirem que o governo fizesse algo para garantir o emprego de negros nas indústrias de defesa [...] conforme os planos para a marcha eram feitos, altos funcionários do governo ficaram alarmados (Franklin & Moss, 1997, p. 436).

A ambivalência política racial em relação aos afro-americanos continuou até que o Presidente Roosevelt emitiu uma ordem executiva declarando que não haveria discriminação contra o emprego de negros nas indústrias de defesa ou no governo federal. Mesmo com essa ordem presidencial, a seleção de afro-americanos para as forças militares foi lenta e tendenciosa. A criação da Lei do Serviço Seletivo, de 1940, gradualmente trouxe mais homens e mulheres para os serviços armados. No entanto, como no passado, o racismo exigia unidades segregadas. A Marinha não começou a se integrar mais completamente até 1942.

No geral, o racismo continuou em todas as forças armadas, embora regras militares mais fortes tenham sido implementadas para diminuir o preconceito racial. Isso incluiu até mesmo a construção de 14 navios de guerra nomeados em homenagem a afro-americanos como Harriet Tubman. O racismo sobreviveu, assim como os complexos raciais que garantiam seu comportamento das formas mais simples às mais insultantes.

> Nos postos militares, a situação era escassamente melhor. Vários oficiais comandantes proibiam a leitura de jornais negros, e houve casos em que esses jornais foram retirados de jornaleiros ou soldados e queimados. Em muitos acampamentos, o transporte para soldados afro-americanos era muito insatisfatório. Frequentemente, eram obrigados a esperar até que os ônibus fossem carregados com soldados brancos antes de poderem embarcar. Nos postos de troca, eram segregados e recebiam mercadorias inferiores. Os teatros e outras instalações de entretenimento eram frequentemente separados, e as acomodações para negros eram abaixo do padrão das oferecidas aos brancos. O Departamento de Guerra reconheceu a discriminação contra os soldados afro-americanos em sua ordem de 8 de julho de 1944, a qual proibia a segregação racial em instalações recreativas e de transporte. Uma verdadeira tempestade de protestos surgiu no Sul quando a ordem se tornou conhecida (Franklin & Moss, 1997, p. 446).

No seu Discurso sobre o Estado da União de janeiro de 1941, o Presidente Franklin Roosevelt proferiu o que ficou conhecido como seu Discurso das Quatro Liberdades. Esse discurso foi dado como um sinal de apoio aos aliados da América no esforço de guerra. As quatro liberdades: liberdade de expressão, liberdade de culto ao deus de escolha, liberdade de necessidade e de medo, não eram consideradas pelos soldados afro-americanos como estendidas a eles e suas vidas militares. A questão tornou-se a mesma de antes. Como posso me imaginar lutando pela liberdade fundamental de outros em uma guerra estrangeira enquanto não posso ter essas mesmas liberdades em casa?

Imagino que isso apoiaria a ativação de um complexo racial negro cultural que duplicava o pedaço inicial quebrado do trauma da escravização – quebrado em espírito, identidade e família. Esses se tornaram os marcadores psíquicos repetidos do complexo racial vistos nos comportamentos dos soldados afro-americanos e soldados alistados que serviram no exército durante a maior parte dos anos de seu serviço. Mas a guerra causou uma mudança na consciência que logo seria percebida pelo coletivo americano.

> A guerra criou um clima no qual ganhos substanciais poderiam ser obtidos, mas a própria natureza da emergência impôs certas restrições que não poderiam mais ser justificadas após 1945[...] O poder executivo do governo federal, sensível tanto às pressões domésticas quanto estrangeiras, exerceu considerável influência na erradicação da lacuna entre credo e prática na democracia americana (Franklin & Moss, 1997, p. 461).

Inicialmente, parecia que com os anos de guerra anteriores na América, as tensões raciais da primeira metade do século XX se dissipariam. Como o tempo revelou, os conflitos culturais entre brancos e negros ressurgiram à medida que estes últimos mais uma vez compreendiam que não alcançariam as liberdades políticas, sociais ou econômicas que os brancos tinham há séculos. O impulso consciente dos países africanos para obter sua liberdade da colonização espalhou sua influência para Nova York por meio das Nações Unidas e, em 1957, Gana foi o primeiro país africano a ser admitido na ONU com todos os direitos como país independente sem laços coloniais. Mais uma vez, o coletivo cultural afro-americano se viu refletido na liberdade dos outros enquanto se percebia sem tal liberdade. Os anos de guerra haviam passado há quase uma década quando, entre 1953 e 1957, os direitos civis foram aprovados para garantir mais votação e liberdades civis para os negros. No entanto, mostraram-se insuficientes para contrariar a energia arquetípica e os complexos raciais constelados que expressavam frustração, raiva e consternação pela contínua falta de reciprocidade dos brancos em permitir que cidadãos afro-americanos compartilhassem da riqueza de verdadeiramente serem americanos.

No momento da primeira manifestação do Dr. Martin Luther King em 1956, a psique afro-americana estava preparada para uma mudança radical, a qual acredito ter crescido a partir de um núcleo arquetípico da demanda por tratamento como ser humano, não como um ex-escravizado inferior.

6
Arquétipo, sombra e complexo

Arquétipo

A relação entre arquétipo, sombra e complexo é uma relação conjunta que pode envolver nossa natureza humana básica, dimensão psíquica e engajamentos no ambiente comportamental. Ao discutir o complexo racial dentro deste capítulo, o foco está na interação entre as energias arquetípicas e as energias do arquétipo que emergem em indivíduos e grupos.

Jung começou a definir arquétipos em diferentes momentos, à medida que percebia mais claramente suas características. Inicialmente, o autor começou a pesquisar e a entender arquétipos por meio de seu próprio trabalho com sonhos pessoais e de seu trabalho com pacientes esquizofrênicos no Hospital Burghölzli. Em 1919, começou a usar o termo arquétipo em seus escritos: "Devemos incluir também as formas *a priori*, inatas, de intuição, quais sejam os arquétipos da percepção e da apreensão que são determinantes necessárias e *a priori* de todos os processos psíquicos" (OC 8/2, § 270). A descrição do arquétipo por Jung variou ao longo de seus escritos. Ele falou do arquétipo como uma imagem primordial (OC 8/2, § 277).

Jolande Jacobi (1974) observa maneiras pelas quais o uso da palavra por Jung "significava todos os mitologemas, todos os motivos lendários ou de contos de fadas, etc., que concentram modos universais de comportamento humano em imagens ou padrões perceptíveis" (p. 33).

Junguianos que trabalharam com Jung, buscando aprofundar seus escritos sobre os arquétipos, incluíam Jolande Jacobi. Em *Complex archetype symbol in the psychology of C.G. Jung*, a autora diz o seguinte:

> É impossível dar uma definição exata do arquétipo, e o melhor que podemos esperar é sugerir suas implicações gerais "falando sobre" ele. Pois o arquétipo representa um enigma profundo que supera nossa compreensão racional [...] Nenhuma resposta direta pode ser dada às perguntas de onde vem o arquétipo e se ele é adquirido ou não (Jacobi, 1974, p. 31).

Na discussão do arquétipo, gostaria de recorrer ao pensamento africano. É importante ampliar a visão de como se pode pensar o arquétipo dentro de um domínio cultural. Jung falou e escreveu sobre a universalidade dos arquétipos. No entanto, quando isso se referia a pessoas africanas, a hierarquia da consciência as colocava na base. Ao compartilhar a citação abaixo, quero introduzir outra forma de pensar o arquétipo dentro de um modelo contextual inclusivo que pode ser universal.

O ensaio a seguir é "Foundations for an African American psychology", de Thomas Parham (2009). É uma descrição da conexão mente-alma-corpo africana que o autor acredita sustentar a psicologia afro-americana para indivíduos dessa cultura. O Kemético é um egípcio tirado da tradição histórica da consciência.

Na metafísica antiga kemética, a psique, ou alma, compreendia sete dimensões inter-relacionadas. Primeiro, a psique era composta pelo KA, ou a estrutura física da humanidade de um indivíduo. Esse corpo que cada indivíduo habitava, sem espírito ou energia, se deterioraria nos elementos terrestres dos quais veio no final da vida. A segunda dimensão da psique era o BA, ou o sopro da vida. Acreditava-se que essa energia ou força vital era transmitida pelo Criador e ancestrais a cada indivíduo e era vista como a essência de todas as coisas que têm vida. A terceira dimensão da psique era representada pelo KHABA, que simbolizava emoção e movimento. Movimento, nesse sentido, estava relacionado à ordem natural das coisas, incluindo padrões rítmicos caracterizados pela circulação sanguínea. A quarta dimensão da psique era o AKHU, que representava o assento da inteligência ou a capacidade de pensamento e percepção mental. Era caracterizada por julgamento, análise e reflexão mental. A quinta dimensão é o SEB, ou alma eterna. Esse elemento da psique se manifestava quando um indivíduo alcançava a adolescência ou puberdade e era caracterizado pelo poder/habilidade autocriativa de reproduzir sua própria espécie. A sexta dimensão da natureza psíquica era o PUTAH e representava a união do cérebro com a mente consciente [...] maturidade mental. A sétima dimensão da natureza psíquica é conhecida como o ATMU. Era considerada a alma divina ou eterna (p. 8-9)

No reino da alma, psique, o divino, não é necessário criar divisões que geram uma segregação artificial. A ordem natural ou ritmo da união entre o humano e o divino, acredito, ocorre de maneira orgânica, porque é assim que somos naturalmente feitos como humanos.

Como afro-americanos em busca não apenas da necessidade existencial e baseada na realidade de liberdade, há a necessidade de remediar, curar o trauma psicológico. Esse remédio, seguindo o pensamento da psicologia junguiana, emergirá de qualquer elemento que componha o veneno. Qual é a sua natureza? Como grande parte da natureza do racismo tem sido sua insistência na inferioridade das pessoas negras, pode-se supor que o remédio seria a inclusão de ideias, pensamentos e uma insistência na linguagem de uma fonte africana que trabalhe em direção à compensação – um equilíbrio dos opostos em apoio à superioridade e valor das pessoas africanas.

> O primeiro presidente da Associação Americana de Psicologia, G. Stanley Hall, teorizou que africanos, índios e chineses eram membros de "raças adolescentes" e estavam na fase de "crescimento incompleto" (Richards, 1997) e que, portanto, era papel e responsabilidade da psicologia ocidental salvar as raças adolescentes das responsabilidades da liberdade (Meyers, 2009, p. 38).

À medida que as psicologias americanas influenciadas pelos europeus cresceram, atraíram para si o racismo do coletivo cultural branco. Não é inesperado que Stanley Hall e outros primeiros americanos do movimento psicanalítico misturassem as próprias ideias da América sobre racialidade às ideias sobre psicologia daqueles ancestrais roubados da África. A profissão inicial de psicólogos e psiquiatras havia começado, em seus primeiros dias, a incorporar o racismo no jovem campo da psicologia americana.

> Em 1797, o Dr. Benjamin Rush, o reputado "pai da psiquiatria americana", declarou que a cor dos negros era causada por uma doença congênita semelhante à lepra. A única evidência de uma cura era quando a pele se tornava branca (Meyers, 2009, p. 38).

Nos contínuos esforços para justificar a escravização, a profissão médica psiquiátrica adicionou sua contribuição ao clima sócial e à literatura da sociedade americana:

> A lente cultural usada por aqueles que desenvolveram o campo havia sido tão fraturada que comportamentos saudáveis e eficazes por parte das pessoas negras eram percebidos e definidos como insanos. Em 1851, o Dr. Samuel Cartwright publicou um artigo, em um jornal profissional de sua época, alegando que havia descoberto duas novas doenças mentais peculiares às pessoas negras: (1) drapetomania, que causava nas pessoas negras o desejo incontrolável de fugir de seus captores escravistas, e (2) disestesia etíope, evidenciada por desobediência, responder desrespeitosamente e recusar-se a trabalhar. As curas comumente prescritas eram espancá-los impiedosamente e forçar o cativo a realizar trabalhos ainda mais extenuantes e difíceis (Meyers, 2009, p. 38).

Forneço leituras como a citação acima para que possamos comparar e considerar as várias possibilidades de como podemos avaliar a ideia e a experiência não apenas do arquétipo, mas também da cura psicológica (representada pela serpente de Asclépio) e a fonte filosófica fundamental de nossas crenças sobre a cura. Ilustro o pensamento sobre as pessoas africanas dentro do campo da psicologia desde seus primeiros dias, porque isso faz parte do "veneno" que deve ser inspecionado com um olhar para considerar o "remédio". Pode não ter sido considerado um veneno pelos primeiros desenvolvedores da psicologia americana, mas foi e tem se mostrado ser para a diáspora africana. A psicologia junguiana não era imune a isso e Jung foi um colega próximo e convidado de G. Stanley Hall quando este veio ao Hospital St. Elizabeth para conduzir sua pesquisa de trabalho com sonhos em 15 homens afro--americanos em 1912(?) (Brewster, 2017).

Jung viajou para Washington, D.C., naquela época para provar a universalidade de seus arquétipos e sua existência como o inconsciente coletivo. Seu argumento era que os afro-americanos e seus sonhos mostravam que a etnicidade não era um fator proibitivo em relação ao inconsciente coletivo. Todos nós pertencemos ao inconsciente coletivo e ele pertence a todos nós.

Em *The religious function of the psyche* (1997), o autor e analista junguiano, Lionel Corbett, descreve os arquétipos de maneira muito semelhante àqueles a quem me refiro como keméticos e às próprias considerações de Jung sobre o inconsciente, o que é e como se mostra na forma do arquetípico. Corbett (1997) afirma:

> Portanto, a atitude religiosa em relação à psique considera a atenção ao material obtido introspectivamente, como sonhos, visões, produtos criativos, sofrimento emocional, fantasia ou simplesmente reflexão sobre a história pessoal, como uma busca espiritual válida se os fundamentos transpessoais ou arquetípicos de tais eventos forem reconhecidos. Essa atitude baseia-se em um axioma controverso da abordagem psicológica profunda (p. 5).

Não é incomum ler na literatura junguiana uma rejeição de algumas partes da teoria dos arquétipos de Jung. Em meus próprios escritos, tentei esclarecer onde suas teorias do inconsciente coletivo não têm sido geralmente favoráveis às pessoas africanas devido ao racismo associado à sua ideia sobre níveis de consciência – com as pessoas negras sendo inferiores e estando na base.

Estou interessada em ver mais das raízes linguísticas e filosóficas africanas do arquétipo, com o objetivo de entender a linguagem desses antepassados africanos ao considerarem o que é uma universalidade para todos – como o próprio Jung disse. À medida que os arquétipos e suas energias se mostram nas vestes culturais de seus tempos, como pode o remédio de um patrimônio cultural não difamado ser aplicado ao trauma racial de séculos?

Sombra

A sombra, como um arquétipo conectado ao indivíduo, bem como um aspecto do coletivo em geral, tornou-se mais amplamente conhecida. Quando Jung começou sua discussão sobre ela, considerou-a um elemento necessário do inconsciente pessoal. "Empiricamente, os arquétipos que se caracterizam mais nitidamente são aqueles que mais frequente e intensamente influenciam ou perturbam o eu. São eles a *sombra*, a *anima* e o *animus*" (OC 9/2, § 13). Jung continua dizendo que o arquétipo da sombra era o mais acessível ao ego. Em uma descrição adicional da sombra, Jung diz: "A sombra constitui um problema de ordem moral que desafia a personalidade do eu como um todo, pois ninguém é capaz de tomar consciência desta realidade sem dispender energias morais" (OC 9/2, § 14). O autor ainda diz:

> Uma pesquisa mais acurada dos traços obscuros do caráter, isto é, das inferioridades do indivíduo que constituem a sombra, mostra-nos que esses traços possuem uma natureza emocional, uma certa autonomia e, consequentemente, são de tipo obsessivo, ou melhor, possessivo. A emoção, com efeito, não é uma atividade, mas um evento que sucede a um indivíduo. Os afetos, em geral, ocorrem sempre que os ajustamentos são mínimos e revelam, ao mesmo tempo, as causas da redução desses ajustamentos, isto é, revelam uma certa inferioridade e a existência de um nível baixo da personalidade. Nesta faixa mais profunda o indivíduo se comporta, relativamente às suas emoções quase ou inteiramente descontroladas, mais ou menos como o primitivo que não só é vítima abúlica de seus afetos, mas principalmente revela uma incapacidade considerável de julgamento moral (OC 9/2, § 15).

Tendo dito isso sobre a sombra, Jung posteriormente falou da projeção da sombra nos outros. Com o passar do tempo, essa projeção recaiu sobre as pessoas africanas – isso foi especialmente verdadeiro no trabalho com sonhos junguiano, no qual todas as pessoas negras eram consideradas a sombra e tinham características negativas da sombra. A referência de Jung ao julgamento moral é especialmente relevante no texto *Jung on evil*, editado por Murray Stein. Jung, em um ensaio da Obra Completa, vol. 10/3, *A consciência na visão psicológica*, discute a relação entre consciência e moralidade. Ele sugere que é dada uma escolha quando se decide por cometer um ato imoral. Ele acredita estar sugerindo que, devido ao seu nível reduzido de consciência, o "primitivo" será incapaz de escolher a moralidade. Creio haver mais a ser dito sobre a natureza paradoxal de o africano ser considerado incapaz de julgamento moral. Isso será discutido no capítulo 10.

Em minha discussão sobre o complexo racial, proponho que o núcleo arquetípico desse complexo seja a sombra. Acredito que mais de um tipo de energia arquetípica pode interagir com essa sombra, mas creio que ela tenha dominância no núcleo central do complexo. No capítulo *O complexo racial* explorei o aspecto negativo desse complexo. Qual poderia ser sua finalidade positiva? Considero a segurança e a preservação da vida como uma parte do complexo racial coletivo cultural africano. É interessante que, mesmo ao considerar o extremo positivo do espectro desse complexo, a linguagem é sobre defesa.

A natureza racista negativa do complexo racial tem sido tão intensamente aplicada, vivida e atuada na América que é difícil imaginar um extremo positivo desse complexo. Isso poderia, é claro, estar relacionado à minha própria ativação do complexo racial que limita a perspectiva do meu ego. Meu único contexto para a ativação positiva ou negativa do complexo pode ser mostrado dentro do ambiente clínico. Nesses momentos de transferência e experiências fenomenológicas, esse complexo, como qualquer outro, pode se apresentar e influenciar o trabalho. A sombra em todo trabalho clínico também está esperando para ser revelada e engajada – para ser revelada, a serviço de aprofundar o trabalho psicológico de ambos, analista e analisando.

A sombra individual, bem como a coletiva, é discutida na introdução de *Jung on evil*. Stein (1996) diz:

> O primeiro dever da pessoa eticamente consciente é, da perspectiva psicológica de Jung, tornar-se o mais consciente possível de sua própria sombra. A sombra é composta por tendências, motivos e traços da personalidade que uma pessoa considera vergonhosos por uma razão ou outra e busca suprimir ou realmente reprime inconscientemente. Se eles são reprimidos, são inconscientes e são projetados em outros. Quando isso acontece, geralmente há uma forte indignação moral, e o terreno está preparado para uma cruzada moral. Cheias de indignação justa, as pessoas podem atacar outras por perceberem nelas o que é sombra inconsciente em si mesmas, e uma guerra santa se inicia (p. 17).

Stein (1996) diz o seguinte em resposta à pergunta "Qual é a fonte do ato, o 'fato bruto', que se julga ser mau?" Sua resposta é a seguinte:

> Por exemplo, a guerra é um evento humano comum que muitas vezes é julgado como mau. Fazer guerra é nativo da espécie humana? Parece que fazer guerra é intrínseco a parte da natureza humana [...] os seres humanos parecem ter um tipo de agressividade em relação uns aos outros e uma tendência a buscar a dominação sobre os outros, bem como um forte desejo

de proteger suas próprias posses e famílias ou sua integridade tribal, o que, somado, leva inevitavelmente ao conflito e à guerra. Alguns diriam que a guerra é uma condição natural da humanidade como espécie, e seria difícil discordar disso a partir do registro histórico. Fazer guerra não é arquetípico? Isso não significa que o mal está profundamente entrelaçado no tecido da existência humana? (p. 11-12).

Se lutarmos uns contra os outros em nível individual, bem como em guerras massivas, existe uma maneira de ver mais claramente a sombra de cada um e, uma vez que o façamos, retirar as projeções negativas? A projeção da sombra é retirada à medida que aprendemos que o que achamos intolerável é, na verdade, uma parte de nós mesmos? A partir disso, somos então mais capazes de ver o Outro?

No decorrer da leitura dos escritos de Jung, indiquei várias partes nas quais sinto que sua sombra se ilumina e sua linguagem se torna dolorosamente carregada de racismo em relação aos povos africanos. A "sombra persistente" de questões em torno da sombra antissemita de Jung é o tema de *Jung and the shadow of anti-Semitism*, uma antologia de ensaios editada por Aryeh Maidenbaum (2002). Em sua introdução ao livro, ele diz: "Quaisquer que sejam as razões para as atitudes e ações de Jung, ele exibiu, em meio a um tempo perigoso e assustador, uma lamentável falta de consequências políticas e pessoais de suas palavras escritas e faladas" (p. xxiv). Em diferentes relatos narrativos, com vistas à vida de Jung antes, durante e após a Segunda Guerra Mundial, vários escritores expressam suas opiniões, incluindo Ann Belford Ulanov (2002) em "Scapegoating: The double cross". Ela abre seu ensaio:

Bode expiatório e antissemitismo não são assuntos sobre os quais podemos falar objetivamente. Só podemos falar deles a partir do sofrimento – inconsciência, dor abismal e terror, raiva e culpa, e uma persistente tentativa de vislumbrar um caminho através de seus matagais de medo, sadismo, violência e desespero (p. 98).

Aprecio suas palavras que articulam tão claramente esses sentimentos e sentimentos para mim e para aqueles do meu próprio coletivo cultural que experimentaram um holocausto étnico.

À medida que lentamente avançamos para o século XXI, nós, como junguianos, não deixamos para trás as experiências de Jung. Isso parece ser como ele queria – sua vida, trabalho com sonhos e tudo o mais era um caminho para compartilhar conosco como poderíamos aprender um modo de vida que fosse espirituoso, divino e, dessa forma, psicológico. Escritores literários junguianos, com exceções notáveis, optaram por não abordar as referências raciais negativas de Jung aos povos africanos. No entanto, Ulanov (2002) discute isso em termos de Jung e o antissemitismo. Ela escreve:

> Jung falhou nos níveis de sentimento e sensorial – em termos de sua tipologia, suas próprias funções inferiores – a realidade do mal que estava sendo infligido aos judeus. Ele escreveu e falou sobre características raciais, tanto durante quanto após a guerra, de uma maneira que inevitavelmente inflamaria ainda mais a perseguição de um povo inteiro. Preso em suas próprias emoções sobre o arquétipo de Wotan e em seus próprios ressentimentos contra a análise freudiana, não via o mal que ele próprio estava causando (p. 106).

Penso nos escritos de Ulanov e considero Jung "possuído" pela energia arquetípica do deus da guerra, seu complexo está constelado; vários dos escritores de ensaios do livro parecem sentir que é o complexo paterno e sua própria sombra que o impedem de ver o mal do Partido Nacional Socialista Nazista. Não vejo o mesmo tipo de força energética em ação quando ele se concentra em indivíduos africanos ou no grupo cultural. Os comentários e teorias racialmente negativos são diretos e parecem ser afirmados com uma certeza que não deixa dúvidas. Os povos africanos são o bode expiatório de algumas de suas teorias. E as teorias de Jung pareciam quase fato consumado. Durante os anos em que Hitler estava construindo seu império nazista de "mil anos", os afro-americanos estavam envolvidos em sua luta contra Jim Crow em todos os aspectos de suas vidas. As teorias de Jung significavam pouco ou nada para eles no amplo cenário de sobrevivência. A projeção de sua sombra e seu escurecimento durante esse período em relação aos povos africanos não os alcançou. No entanto, essa sombra foi acrescentada à textura geral do racismo na psicologia americana.

Essa falta de contato foi talvez em parte devido à questão da eugenia americana, os efeitos econômicos da Depressão e o contínuo linchamento de pessoas negras. Não havia tempo para considerar a teoria da psicologia junguiana quando a sobrevivência era uma luta diária mortal. Infelizmente, há uma correlação entre eugenia, racismo e a política da Alemanha dos anos 1930 e da América, a qual trabalhou para minar os esforços sociais dos afro-americanos durante tal período.

Francis Galton, em 1883, começou a usar a palavra "eugenia" como uma forma de descrever sua teoria ou "ciência de melhorar a raça". Em seu livro, *Inquiries into human faculties* (1883), expressou sua crença na melhoria das raças por meio da seleção genética. O antropólogo Roger Pearson começou em 1991, por meio de seus escritos, a repetir e ampliar as teorias de Galton. Em *The Nazi connection: Eugenics, American racism, and German national socialism*, o autor Stefan Kuhl (1994) diz de Pearson:

> Pearson informa seus leitores que a intenção original da eugenia era "claramente e sem rodeios o objetivo de criar uma raça mais talentosa". Segundo Pearson, os eugenistas acreditavam que os europeus, bem como outras raças talentosas, já eram de capacidade genética distinta, mas que "assim como as raças diferem geneticamente, também grupos de indivíduos dentro das nações e populações regionais poderiam diferir geneticamente" (p. 4).

Essa linha de raciocínio ilógica, popular e psicologicamente prejudicial ganhou força nos Estados Unidos e despertou interesse tanto na comunidade científica quanto na população em geral durante quase a primeira metade do século XX. Embora a eugenia tenha se tornado conhecida na Grã-Bretanha e na Alemanha, é claro que o foco nos Estados Unidos estava nos considerados "débeis mentais" e "inaptos" (Kuhl, 1994, p. 16). Isso se referia principalmente aos afro-americanos. Leis que proibiam o casamento entre diferentes grupos étnicos – brancos e negros – eram vistas como uma forma de manter a raça branca pura e prevenir o que era conhecido como "suicídio racial" (Kuhl, 1994, p. 16).

Considero o movimento eugenista como algo que ganhou força a partir de um complexo racial branco, o qual arquetipicamente ganhou poder e influência. As políticas raciais nazistas alemãs contra o povo judeu faziam parte da força energética arquetípica que estava planejando o genocídio na Europa por meio da esterilização e que levaria a assassinatos em massa e à Segunda Guerra Mundial. Parecia que os eugenistas americanos estavam mais preocupados não tanto com ser antissemitas, embora isso certamente fosse um aspecto de seus programas, mas seu foco principal estava na cor da pele como determinante da superioridade racial. Quando os eugenistas americanos começaram a protestar contra o agravamento do tratamento aos judeus na América, os eugenistas alemães responderam da seguinte maneira por meio de uma publicação alemã. Isso destaca a hipocrisia dos eugenistas americanos, enquanto mostra seu principal foco de discriminação racial:

> Em 1937, o *Preussiche Zeitung* afirmou, sob o título "A cruel teoria racial alemã e suas comparações no exterior", que "os círculos liberais" os quais criticam as leis raciais alemãs como uma "intervenção na liberdade humana" negligenciavam o fato de que um "estado que pode ser visto como democrático" tinha suas próprias leis raciais. O jornal informou seus leitores que em trinta estados dos Estados Unidos, o casamento entre negros e brancos era proibido. Também se referiu à estrita segregação entre brancos e negros e apontou que o linchamento de minorias étnicas era um fenômeno não encontrado na Alemanha (Kuhl, 1994, p. 98).

Os alemães estavam bem cientes das políticas raciais americanas contra os negros, uma vez que ambos os programas de eugenia estavam em operação cooperativa há décadas.

> Na propaganda nazista, após meados da década de 1930, os Estados Unidos tornaram-se o principal ponto de referência, devido à sua combinação específica de racismo étnico e eugênico, bem como à extensão da informação sobre a eugenia americana disponível na Alemanha (Kuhl, 1994, p. 99).

Após o bombardeio de Pearl Harbor, os eugenistas americanos interromperam seu relacionamento com a Alemanha. Foi necessário esse ato de agressão – vindo do Japão – para romper a cooperação racista entre os dois países.

> O orgulho com que os cientistas nas décadas de 1910, 1920 e 1930 se referiam a si mesmos como eugenistas evaporou. Após a Segunda Guerra Mundial, os eugenistas se descreveram como "cientistas populacionais", "geneticistas humanos", "psiquiatras", "sociólogos", "antropólogos" e "políticos familiares" em uma tentativa de evitar a terminologia da eugenia (Kuhl, 1994, p. 105).

A marca única de racismo desenvolvida pelo movimento eugenista na América evoluiu sob diferentes nomes de organização e sob a orientação daqueles que continuavam a acreditar na "pureza étnica" (Kuhl, 1994, p. 6).

Complexo

As características do complexo, de acordo com Jung, quase exigem que ele seja intencional em seus próprios objetivos – basicamente não há direção da consciência do ego até que o complexo se torne consistentemente conhecido ao longo do tempo. Outra característica é sua capacidade de fazer com que a pessoa sob sua influência se esqueça – tenha amnésia sobre como ele toma conta da função de pensamento durante um episódio de "ausência" ou dissociação. No que parece ser uma observação à distância, o indivíduo sob a influência da ativação do complexo pode observar o que está ocorrendo, mas pode se sentir impotente para agir enquanto experimenta estresse. Uma das principais características da experiência de ser "consumido" pelos efeitos de um complexo é se tornar emocionalmente "dominado". Esse tipo de dominação pode liberar sentimentos e emoções, causando comportamentos que se mostram prejudiciais para si mesmo e para os outros.

Nos meus próprios interesses quanto aos aspectos emocionais e comportamentais do que ocorre conosco quando estamos presos em um complexo, penso não apenas no indivíduo, mas também no grupo. Parece relevante explorar como os grupos sociais respondem quando mostram sinais de serem constelados por complexos e energias arquetípicas. Isso vale para a cultura dos afro-americanos e sua resposta ao impacto de viver na América desde os dias da escravização.

Neste ponto, torno a discutir o núcleo do complexo. Um autor, Hans Dieckmann, especificou que não há apenas uma energia psíquica, mas várias disponíveis ao mesmo tempo para uso, dentro da dimensão humana, enquanto nos engajamos com o material do inconsciente. Há uma sobreposição de material psíquico e, à medida que o ego encontra esse material, várias forças internas estão em ação. Em seu livro *Complexes: Diagnosis and therapy in analytical psychology*, o autor diz:

> É claro que um complexo sempre consiste em uma mistura de material coletivo e pessoal, e quanto mais suas partes estão dissociadas do complexo do ego, mais mitológico é o caráter que elas assumem. Neste ponto, estou avançando a hipótese de que mesmo no núcleo do complexo – mesmo no caso de uma grande dissociação do complexo do ego – elementos de experiências pessoais muito precoces estão entrelaçados e devem ser levados em consideração na estrutura do núcleo. Na maioria das vezes, é difícil reconstruí-los clinicamente, pois estão fora do alcance da lembrança voluntária nos períodos mais precoces da vida (Dieckmann, 1999, p. 45).

Dieckmann aborda o indivíduo, mas ao relacionar sua hipótese ao membro do grupo cultural, volto à discussão anterior sobre os membros do Partido Nacional-Socialista Nazista e os neonazistas que os seguiram. Indivíduos deste último grupo, após deixarem o partido e discutirem sua conversão ao grupo, falam de seu isolamento e desejo de se tornar parte de algo que não fosse como sua infância precoce, sem relações emocionais com os pais.

Ao observarmos o comportamento verbal e físico daqueles que expressam sua raiva contra pessoas negras, vemos nesses comportamentos algo na psique do indivíduo que agora, em um ato com seu grupo cultural, pode voltar aos dias de infância. Geralmente, eles abordam a solidão que sentiam, mas, ao se juntarem ao grupo, podem sentir a segurança que estava ausente no início da vida. A solidão faz parte da condição humana, e parte do amadurecimento é aprender a reconciliar-se com esses períodos de estar sem a companhia de outros. A constelação do aspecto negativo do complexo racial surge quando, através de ações grupais, os indivíduos são estimulados e encorajados pelo campo energético do grupo. Isto pode acontecer em qualquer situação – o surgimento e a atuação das energias arquetípicas que atendem à necessidade do momento. Como Jung diz: "O arquétipo constelado é sempre a imagem primária da emergência do momento" (OC 5, § 450).

Se isso for verdade, continuaremos a ter momentos nos quais, por causa de um complexo particular – seja ele individual ou de grupo – haverá uma expressão de raiva e fúria devido à etnia do outro. Eu penso que, além das justificativas falsas dadas para a perpetuação da escravização americana, foi e tem sido o conjunto do complexo racial que, abarrotado pela amargura sobre o que o Outro tem ou quer, se enfurece.

O que acontece com a raiva branca que espera ser privilegiada devido à "inferioridade" do Outro? Quando discutimos o privilégio branco hoje, não é isso que estamos abordando? O complexo racial "negro" do qual Jung falou viveu no grupo cultural branco da psique americana por centenas de anos. Quais são as características desse complexo racial branco cultural?

Quando vemos a história da escravização, a Guerra Civil e tudo o que se seguiu, como podemos considerar o tipo de conjunto que poderia surgir? Penso que as energias arquetípicas tanto do branco quanto do negro buscam expressão. Quando Jung falou dos americanos (ele se referia aos brancos) e do que estavam experimentando com seu complexo, era o homem negro sob sua pele. Como isso poderia se manifestar, ser experimentado no grupo cultural branco em termos de sua relação com os negros? Os anos de segregação racial e todas as formas de racismo que continuam até hoje são um sinal dessa irritação – dessa necessidade de coçar e se livrar do "problema"? Uma boa quantidade da literatura negra do passado se referiu ao sentido coletivo americano das pessoas africanas como sendo o "problema". De fato, W.E.B. Du Bois discutiu especificamente essa projeção de sombra sobre os negros.

Com o tempo – séculos, à medida que a natureza compensatória do inconsciente buscava mais equilíbrio (justiça social) dentro do campo sociológico, as ondas de perturbações raciais das pessoas africanas em busca de liberdade começaram e continuaram através da Proclamação de Emancipação. No entanto, o complexo racial, com todas as suas associações negativas, se desenvolveu, e a sombra arquetípica cresceu mais escura, e a consciência pareceu recuar para um lugar de regressão mais profundo. Imagine a escuridão da psique americana enquanto milhões de pessoas sobreviviam em um padrão arquetípico genocida colorido pelo *nigredo* do material psíquico inconsciente e por experiências conscientes aprendidas, as quais foram renovadas ao longo de séculos. Isso é assustador nos momentos de intensa testemunha racial da morte de outra pessoa negra, ao ver como nós, em nossa memória coletiva do século XXI, continuamos tentando reprimir o material sombreado do racismo à medida que ele emerge repetidamente na forma de material complexo inconsciente que foi reprimido e raramente viu a luz do dia antes. A natureza da repressão e nosso desejo e incapacidade de enfrentar nossa sombra coletiva podem nos confrontar por meio de mais de uma maneira em termos dos complexos e sua constelação. Acredito ser por isso que algumas erupções raciais parecem tão inesperadas e desoladoras.

> Portanto, os complexos pertencem à estrutura fundamental da psique e nos colocam, seres humanos, em conflitos, os quais são nossa tarefa sofrer e resolver. Na visão de Jung, o sofrimento na vida humana nunca é uma doença como tal; pelo contrário, ele apresenta o polo oposto à felicidade, e um é impensável sem o outro. Um complexo se torna patogênico apenas quando é reprimido, suprimido ou negado, quando pensamos que não o temos. Um complexo se transforma em um elemento negativo e disruptivo na psique apenas devido à capacidade insuficiente do complexo do ego de enfrentá-lo (Dieckmann, 1999, p. 9).

Por quantos séculos houve uma evitação coletiva, uma repressão, uma supressão, uma negação de confrontar o racismo de maneira frontal e completa? Eventualmente, tivemos uma guerra civil que causou brevemente uma mudança tanto em nível consciente quanto inconsciente. No entanto, o complexo racial cultural branco, com seu observador do ego que pode ter sofrido derrota nos campos de batalha do Sul, recuou para as sombras e recuperou seu poder através do domínio de Jim Crow. O surgimento do Movimento *Black Power* e o uso especificamente dessas palavras dizem muito não apenas sobre os esforços conscientes dos indivíduos envolvidos na época, mas também sobre o movimento inconsciente, o poder e a negritude dos complexos e da sombra. Esse é o nível de energia necessário para confrontar séculos de repressão e negação e enfrentá-los diretamente. A continuação inconsciente do racismo no coletivo americano encontrou seu parceiro conflitante no aprofundamento da consciência desse movimento negro. A exibição dos complexos raciais e dos séculos de sofrimento atuados em nossas vidas diárias atraiu nossa atenção por vários anos.

Como essa violência continuada se manifesta em nossas vidas hoje? Nós as chamamos por novos nomes: microagressões, busca de poder legislativo nos salões da justiça. Pessoas negras são mortas, na maioria das vezes pela aplicação da lei, na qual há acusação de intenção racial negativa de causar dano corporal. A ideia de usar a polícia para causar danos às pessoas africanas não é nova e existe no coletivo americano há muito tempo. Proteger e servir nunca foi considerado entre os afro-americanos como proteger e servir a nós mesmos. Quando pensamos em quem a polícia está protegendo, sabemos pela nossa história que estão protegendo a propriedade daqueles no poder. Desde os primeiros dias da escravização, isso teria sido a terra e aqueles que pertenciam à terra – as pessoas negras. Não estou certa de que essa experiência vivida não seja ainda parte de algum aspecto do complexo racial branco que tem a ver com o controle do Outro negro.

O poder do proprietário de escravizados era compartilhado e executado pelo capataz – era seu trabalho policiar as pessoas africanas. Como isso continuou a viver naquele lugar inconsciente da psique em nossas vidas do século XXI? Como justificamos o assassinato contínuo de pessoas negras pelas mãos da polícia? O que está acontecendo em nível inconsciente, dentro do inconsciente pessoal, dentro do inconsciente arquetípico? Creio que as estruturas psíquicas mais profundas, as quais temos vindo a entender melhor através da neurociência, nos ajudam a considerar essas questões. Também acredito que o movimento de gangorra da psique possa se mover bidirecionalmente, não buscando apenas o bem ou apenas o mal. A história nos mostrou que podemos e vamos conviver com o "mal" por um longo tempo. Os trabalhos de impulsos energéticos, formas espirituosas, intensidade arquetípica e outros se elevam à nossa consciência e nos mantêm presos em padrões antigos por muito mais tempo do que gostaríamos. Essa é a compulsão e autonomia dos complexos e arquétipos.

> Um complexo se torna patológico de apenas duas maneiras. Primeiro, ele pode atrair energia excessiva para si, o que podemos entender a partir de nossa história (pessoal) de desenvolvimento, pois contém sentimentos muito profundos de amor ou ódio, também ligados a medos igualmente profundos e impulsos agressivos. Segundo, o complexo pode se tornar patológico se for separado e isolado do restante da psique como consequência dessas energias avassaladoras e da acumulação excessiva de associações e amplificações causadas por elas (Dieckmann, 1999, p. 15).

Como o ódio secular se manifesta quando repetido no inconsciente em um nível intergeracional e finalmente explode na consciência do ego em um nível coletivo?

Quando pensamos na verdadeira natureza dos complexos, podemos aprender a antecipar sua existência em nossas vidas humanas e ver a possibilidade de redenção e cura através de seu "caráter prospectivo", como observado por Dieckmann (1999) em seu texto:

> Há complexos que nunca entraram na consciência e, portanto, nunca foram reprimidos. Eles surgem principalmente do inconsciente coletivo. O inconsciente é, naturalmente, a matriz da qual a consciência surge em primeiro lugar. Assim, o inconsciente coletivo representa um complexo funcional autônomo com uma estrutura primária inerente, na qual, como em uma semente, as possibilidades típicas de desenvolvimento e maturação da psique humana estão latentes. O inconsciente coletivo possui um caráter prospectivo, pois, ao criar as imagens nos núcleos dos complexos, está na posição de vinculá-los com energias pulsionais e conferir-lhes significado e direção (p. 10).

Ao meu modo de ver, o significado e a direção que impulsionam os complexos raciais têm residido no extremo negativo do complexo – o lado patológico. Quando Jung escreveu sobre como tudo na psique está a serviço do bem-estar psicológico, acredito que isso seja verdade. Também acredito que lutamos em muitos níveis para lidar com nossas vidas paradoxais, as fúrias internas e externas opostas que devemos suportar e a necessidade do ego pela supremacia sobre nosso material inconsciente sombrio. Quando não conseguimos, por qualquer motivo, explorar esse material, então sentimos uma perda. Essa perda, como vimos ao longo dos séculos, é tanto em um nível individual profundamente sentido quanto em um nível coletivo. O racismo que impactou as pessoas africanas por séculos é um corte no tecido psíquico das vidas de todos os americanos. No entanto, lamentavelmente, neste momento, não parece haver uma abertura coletiva para pensar nos indivíduos de uma linhagem cultural branca e seu sofrimento. Na verdade, não é isso que a presidência de Trump nos trouxe na conversa nacional de nossa sociedade? Parece que quanto mais os brancos investigam um contexto histórico de privilégio branco – exigindo mais, para tornar a América grande novamente – mais os negros investigam seu próprio contexto histórico do Holocausto Africano. Onde já houve séculos de privilégio, o movimento compensatório da psique e da consciência do ego do grupo seria certamente na direção não de menos igualdade social, mas de muito mais.

Dieckmann (1999) continua sua discussão da patologia do complexo: "Então, como um ditador que arrogou todo o poder para si mesmo, o complexo tende a suprimir e reprimir tudo o que não se encaixa em seu quadro de referência [...]" (p. 15). Quando pensamos no complexo racial da psique americana, pensamos em como nossos complexos buscam liberação em atos de agressão incentivados por eventos políticos. A autora Sukey Fontelieu (2018), em seu capítulo de abertura do livro *The archetypal Pan in America: Hypermasculinity and terror*, diz o seguinte:

> Nos Estados Unidos, desde o virar do milênio, ataques violentos perpetrados por atiradores locais, jihadistas radicais e estupradores aumentaram em paralelo com o surgimento de um tipo de liderança hipermasculina, uma corrente neoconservadora no país que ressurgiu como o Tea Party e agora está em plena exibição sob o atual Presidente dos Estados Unidos, Donald Trump (p. 1).

Cada ação que tomamos como indivíduos e membros de nosso grupo cultural é um reflexo de uma motivação inconsciente trazida à luz da consciência. No entanto, parece haver elementos que ainda não toleramos trazer completamente à luz consciente, como os assassinatos dentro de nosso coletivo devido à falta de políticas de controle de armas. Fontelieu (2018) pergunta: "Por que não há uma resposta racional à reforma do controle de armas em uma nação onde as vendas de armas aumentam drasticamente a cada incidência de violência?" (p. 1).

Ao refletir sobre essa questão e o complexo cultural americano, percebo que estou disposta a fazer mais perguntas sobre o terreno cultural sobre o qual foram construídas nossas vidas americanas do século XXI. Pode parecer demasiadamente repetitivo dizer como o surgimento da consciência americana foi baseado no sangue de outros. Que era necessário criar um Outro para satisfazer a sombra interna não reconhecida, não reivindicada, a qual encontrou e começou a destruir os nativos americanos e outras pessoas não brancas. Ao lembrar dessa parte da história, talvez possamos começar a compreender melhor a necessidade de lembrar nosso fluxo psicológico subterrâneo que gira em torno do inconsciente, reprimindo, escondendo e nos mantendo cegos ao longo da repetição de ações destrutivas.

Se pudermos aceitar que é muito difícil conviver com nossa sombra, complexos e, às vezes, com as energias arquetípicas que fluem incontrolavelmente por meio de nós mesmos, então isso pode nos permitir guardar nossas armas. Pode nos permitir questionar a necessidade de armar nossas forças policiais como se estivessem indo para a guerra e lutando contra um inimigo estrangeiro. Eles estão apenas lutando contra nosso povo enquanto matam suas próprias partes interiores, seu próprio Outro. Nesse lugar de sombra, nós, o povo americano, permanecemos como o inimigo.

7
Cultura e "raça"

O que é cultura?

O que é cultura? Uma segunda pergunta possivelmente poderia ser desenvolvida: de quem é essa cultura? Essa segunda indagação é muito válida e importante na mistura étnica que a América representa. Em sua discussão inicial sobre cultura no ensaio "Theoretical and conceptual approaches to African and African American psychology", a autora, Linda James Meyers (2009), diz:

> Nossa compreensão da humanidade é culturalmente condicionada. A cultura é a força social que informa nossos projetos de vida e padrões de interpretação da realidade. Assim, o estudo psicológico legítimo da humanidade pode ser facilitado ao dar o devido respeito aos fundamentos culturais que informam nossas percepções e moldam nossas interpretações como conhecedores (p. 35).

As amplas categorias que definem cultura incluem elementos aleatórios como vestimentas, religião, comida, arte e práticas de criação de filhos. Em uma discussão específica sobre as culturas africana e americana coletivas, a definição inicial de cultura realmente parece exigir a segunda pergunta como parte de uma dualidade necessária. O título deste livro, *O complexo racial*, busca explorar cultura e raça a partir de uma perspectiva junguiana africana. Penso nessa perspectiva como incluindo o ego individual da pessoa, o inconsciente pessoal com nossos complexos, o inconsciente coletivo e também os ancestrais.

Nosso inconsciente é expansivo, profundo, encantador e, em sua maioria, incompreensivelmente misterioso em todos os modos que Jung afirmou em sua definição do inconsciente em *A natureza da psique*:

> Assim definido, o inconsciente retrata um estado de coisas extremamente fluido: tudo o que eu sei, mas em que não estou pensando no momento; tudo aquilo de que um dia eu estava consciente, mas de que atualmente estou esquecido; tudo o que meus sentidos percebem, mas minha mente consciente não considera; tudo o que sinto, penso, recordo, desejo e faço involuntariamente e sem prestar atenção; todas as coisas futuras que se formam dentro de mim e somente mais tarde chegarão à consciência; tudo isto são conteúdos do inconsciente (OC 8/2, § 382).

Acredito que essa definição possa, de alguma forma, estar relacionada às nossas próprias identidades culturais. Não somos fluidos como indivíduos culturais, tão fluidos quanto o grupo cultural do qual somos membros? Neste momento, estou pensando de uma maneira definida pela minha identidade cultural – esta identidade criada por circunstâncias, pessoas e eventos em minha vida atual, assim como na linhagem ancestral. Será que o que sou hoje não contém quem me tornarei no futuro baseado em meu eu cultural? Acredito que há fluidez em muitos escritos de Jung. Esse tipo de fluidez permite o que alguns consideraram contradições nos escritos de

Jung. Penso que às vezes são contradições, paradoxos e, em outros momentos, apenas momentos de fluxo. Esse fluxo ou fluidez pode representar Jung como "um homem de seu tempo", enquanto carrega o etos racial daqueles tempos, e um homem no início do caminho de pioneirismo de uma psicologia moderna e diferente nas práticas de cura ocidentais.

Uma perspectiva junguiana sobre cultura pode levar em conta a postura psicológica vista por meio dos escritos de Joseph Henderson (1984), autor de *Cultural attitudes in psychological perspective*. Esse texto é considerado o pioneiro dos escritos junguianos que abordam a presença de um coletivo cultural no pensamento psicológico do século XX.

Isso permite uma presença humana na consciência entre o inconsciente pessoal e o inconsciente coletivo. Apresenta um lugar de reconhecimento para tudo o que é cultural na vida. Henderson (1984) escreve sobre quatro atitudes culturais: social, religiosa, estética e filosófica. Ao definir a atitude social, afirma: "A atitude social, em termos gerais, preocupa-se em manter o código ético da cultura, seja da cultura estabelecida ou de qualquer desvio contracultural específico dela" (p. 22). O autor continua ampliando o tema ao indicar que a manutenção de um código cultural é possível à medida que o indivíduo, por meio de um processo de relacionamento com eventos sociais e relações humanas, cresce em seu próprio processo de individuação. Ele indica que há um equilíbrio a ser alcançado.

> Se alguém se torna excessivamente individualista, o efeito é inflação psíquica e isolamento de seus semelhantes. Se alguém vive de maneira excessivamente coletiva, torna-se desconfortavelmente desinflado e sutilmente deprimido, embora sua conformidade

possa trazer certas recompensas. A moralidade individual é reduzida à norma coletiva na qual se pode encontrar uma força xenofóbica. Isso pode se tornar deprimente, porque sua única justificação é a expediência sem alma de acreditar que, se pessoas suficientes compartilham as mesmas crenças ou fazem as mesmas coisas, todas devem estar certas. No entanto, se esses valores são propostos abraçando tanto as necessidades individuais quanto as culturais temos a condição necessária para que a individuação apareça em um contexto social (Henderson, 1984, p. 23).

Os seres humanos são tanto individuais quanto coletivos, possuindo os dois tipos de sensibilidade, uma vez que ambos são necessários para a plenitude da vida. Henderson adverte: "Portanto, é preciso evitar dois perigos: o de demasiada individualidade ou demasiada coletividade". Concordo com Henderson na forma ampla de pensar sobre a atitude cultural conforme a definiu, mas ainda questiono a rejeição e a negatividade crítica da ideia de "participação mística" quando referida por junguianos e antropólogos, e aplicada aos africanos.

Isso também pode ser considerado ao se pensar no trabalho clínico com aqueles da diáspora africana, já que essa ideia teórica de participação mística pode ser um dos pilares fundamentais do trabalho clínico psicológico junguiano. As bases filosóficas de muitas tradições africanas e sistemas sociais são de que o coletivo é de importância primordial, sendo maior que o indivíduo. Isso não nega, no entanto, o valor do indivíduo em contribuir para o coletivo. Cada um é valorizado, ou não poderia existir um todo – um coletivo. A intervenção das projeções europeias na filosofia africana pegou uma experiência coletiva reconhecida dos africanos, criou uma frase para ela e uma ideia teórica, a qual foi transformada em um traço cultural negativo de referência para aqueles que passam pela psicologia junguiana.

Esta é a definição de participação mística encontrada no livro *A critical dictionary of Jungian analysis*, escrito por Andrew Samuels, Bani Shorter e Fred Plaut (1986):

> Termo emprestado do antropólogo Levy-Bruhl, usado para se referir a uma forma de relação com um objeto (significando "coisa"), na qual o sujeito não pode distinguir-se dessa coisa. Isso se baseia na noção, que pode ser prevalente em uma *cultura*, de que a pessoa/povo e a coisa – por exemplo, um objeto de culto ou artefato sagrado – já estão conectados. Quando o estado de participação mística é alcançado, essa conexão ganha vida. Jung usou o termo a partir de 1912 para se referir a relacionamentos entre pessoas nos quais o sujeito, ou parte dele, adquire influência sobre o outro, ou vice-versa [...] Participação mística ou identificação projetiva são defesas precoces que também aparecem na patologia adulta (p. 105-106).

Na sua discussão sobre a participação mística, no livro *Jung's map of the soul*, o autor Murray Stein (2010), ao definir ainda mais o uso anterior de Jung sobre o termo, diz:

> Existe uma falta de consciência da diferença entre si mesmo e suas percepções, por um lado, e o objeto em questão, por outro. Até certo ponto, as pessoas permanecem nesse estado de participação mística durante toda a vida [...] Estamos inconscientemente unidos com o mundo ao nosso redor (p. 179).

A crença é que essa fase inicial da consciência, seguindo Jung, que teorizou sobre cinco estágios de consciência, é a "mais baixa".

Um dos principais problemas a ser reconciliado é o uso desse termo, em sua identificação original, com os africanos. Na linguagem europeia, o termo "participação mística", usado para definir aspectos da vida cultural das pessoas africanas, pode ser considerada apropriação cultural. O termo foi baseado e retirado da observação das práticas religiosas e comunitárias dos africanos – parte de sua cultura, foi posteriormente usado na psicologia junguiana como um descritor para o estado mais baixo de consciência.

Em nossa própria consciência do século XXI, penso podermos começar a ver a inadequação de tal uso terminológico. Ao escrever sobre cultura e raça, esse é um exemplo de como os dois se encontraram em uma interseção dentro da área da psicologia junguiana, a qual carrega uma conotação negativa para africanos e seus descendentes. Lucien Levy-Bruhl escreveu sobre os africanos como "primitivos" e de uma mente primitiva diferente dos brancos, que tinham uma mente moderna. Em seu livro, *How natives think* (1910), o autor explicou sua teoria de participação mística mostrando as diferenças entre africanos e brancos e o "avanço" intelectual da consciência (e inteligência) de uma mente "primitiva" para uma que não era – a mente europeia.

Pode parecer não importar tanto o que Levy-Bruhl pensou, teorizou ou escreveu em 1910. Estamos cem anos além desse tempo. No entanto, ao pensar e considerar a cultura e meu foco na cultura africana intersectando com a psicologia junguiana, sinto que é necessário destacar o passado, bem como os tempos atuais, devido à sombra e à falta de visibilidade das mudanças dentro da comunidade junguiana em relação ao passado histórico. Esse passado muitas vezes permanece nosso presente, já que a participação mística continua sendo um princípio de ensino na psicologia analítica. Isso ocorre sem qualquer ressalva ou aviso para discutir a inapropriada racialização cultural do termo e seu histórico. Ao considerar a participação mística como a forma mais baixa de consciência – a união inconsciente de indivíduos com outros – como isso se reconcilia com a óbvia conexão cultural das pessoas africanas? Parece que em nosso trabalho clínico como analistas junguianos ou psicoterapeutas, precisamos adotar uma visão diferente de como historicamente definimos o trabalho que fazemos, não apenas com indivíduos de descendência africana, mas com todos com quem trabalhamos. É atualmente aplicável a qualquer um de nós continuar a usar uma terminologia mal apropriada, derivada de uma antropologia negativamente racializada do século XIX? Estamos prontos para aceitar que isso ainda está conosco porque usamos linguagem e de muitas maneiras pensamos que a cultura africana, bem como a filosofia que a sustenta, é uma cultura "menor" do que a dos europeus? Isso se tornou, por extensão, uma característica do coletivo branco americano. Em nossas vidas atuais, com o clima político e social ao redor do mundo, não é um alcance ou suposição distante entender o pensamento europeu daqueles primeiros visitantes que menosprezaram a cultura africana e levaram ao racismo que ainda persiste na sociedade americana hoje.

No livro *Confronting cultural trauma: Jungian approaches to understanding and healing*, a analista junguiana Astrid Berg (2014), em seu ensaio "Engagement with the Other: Reflections from post-Apartheid South Africa", diz o seguinte:

O racismo é endêmico e inconsciente; o medo que temos da alteridade é profundamente enraizado [...] Mas não é apenas na África do Sul que o racismo desempenha um papel; é um fenômeno humano com o qual ressoamos com aqueles que pertencem "a nós" e/ou ignoramos o "outro" ou usamos o "outro" como um depósito para nossos pensamentos e sentimentos indesejados. A alteridade é detectada de forma mais óbvia na aparência exterior. Como respondemos às diferenças externas nas pessoas é determinado por nossos complexos coletivos e pessoais. Na África do Sul, o complexo coletivo é, em grande parte, baseado na cor da pele, e isso se tornou parte da psique individual da maioria das pessoas (p. 51).

Isso não é apenas verdade na África do Sul, mas também em nossa sociedade americana. A diferença é que nos levou todo esse tempo para reconhecer o quão profundo é esse enraizamento. Devido ao tempo que temos lidado com a palavra "raça" como uma falsa verdade, um conceito linguístico aplicado de maneira inadequada e uma terminologia sociológica, temos em nossas psiques individuais inconscientes uma linha divisória baseada em diferentes etnias definidas por "raça". A inferioridade de um "Outro" teve grande importância para manter a relevância das diferenças culturais baseadas no racismo. Torna-se significativo que "raça" ou etnia tenha adquirido tal importância na determinação do valor da cultura. Isso não é apenas para os brancos, mas certamente também para os negros, mesmo quando os primeiros desvalorizavam os últimos.

O padrão para criar uma hierarquia de valor cultural foi estabelecido pelos europeus brancos. Temos vivido com esse padrão por séculos. A ideia de uma hierarquia estabelecida de valor cultural só poderia levar à divisão entre diferentes grupos étnicos. Os principais problemas – sociais, econômicos e psicológicos – são as formas como os africanos foram oprimidos, torturados e assassinados para aceitar o sistema de crenças culturais da hierarquia branca. Por que cada cultura não pode ter sua própria importância e valor baseados no valor intrínseco atribuído por aquela cultura que é indígena àquela cultura específica? A escolha de um modelo que coloca culturas em uma hierarquia, com a das pessoas negras na base, criou inúmeros problemas para nós como raça humana. Temos diferentes culturas que evoluíram e mudaram ao longo dos séculos e, ainda assim, permanecemos a mesma raça de pessoas.

A chegada de europeus como Cristóvão Colombo interrompeu e começou a influenciar e destruir sistematicamente a cultura das pessoas não brancas. Isso não é apenas um aspecto de nosso passado histórico, mas também nossa realidade atual, experiências vividas. O trecho a seguir é do ensaio de Linda James Meyers (2009) "Theoretical and conceptual approaches to African and African American psychology":

> Como deveria ser esperado, cada grupo cultural abraça suas próprias perspectivas e compreensão do mundo. A dificuldade em abraçar o próprio quadro de referência cultural reside, em grande parte, nas proibições que a perspectiva pode ter contra explorar e honrar as perspectivas de outros grupos culturais. Essa dificuldade aumenta de acordo com a extensão com que o outro grupo cultural é aquele que historicamente foi percebido como inferior, explorado, desumanizado e privado legal, social, econômica, educacional e politicamente pelo grupo cultural dominante (p. 36).

A cultura etnicamente diversa de todos os americanos foi, sem dúvida, distorcida e alterada para sempre pelos eventos históricos da escravização americana e do racismo americano. Esse tipo de distorção afetou e impactou tanto positiva quanto negativamente nossos complexos culturais raciais que se desenvolveram no inconsciente por meio de energias arquetípicas, ciência cognitiva, bem como os comportamentos de racismo que se tornaram parte de nossas vidas americanas. A criação da cultura para todos os grupos étnicos na América é influenciada por material psíquico inconsciente. Nosso ambiente adiciona características reconhecíveis à compreensão de nossa cultura. A cultura das pessoas africanas tem evoluído e continua a evoluir por meio de uma consciência africana presente e atualmente relevante. Várias abordagens conectadas ao racismo, destinadas a extinguir a cultura africana, não tiveram sucesso porque uma cultura pode mudar, transformando-se enquanto mantiver a sobrevivência em seu núcleo, mantendo o DNA arquetípico de sua fundação. Ao escrever sobre identidade racial e cultural, o autor Thomas A. Parham (2009), em "Foundations for an African American psychology: Extending roots to an ancient Kemetic past", no *Handbook of African psychology*, referindo-se à diferença entre identidade cultural e racial, diz:

> É uma análise cultural e não racial que melhor ilumina a psicologia de um povo [...] Raça não é uma construção biológica, mas sim uma construção social, usada não apenas para categorizar pessoas por graus de conteúdo de melanina em sua pele, mas também para estratificar grupos em alguma hierarquia social artificial que atribui valor, acesso a oportunidades e privilégios com base na cor da pele (p. 6-7).

O autor continua dizendo ao definir mais profundamente a cultura:

É no nível profundo da estrutura cultural que a psicologia de um povo pode ser mais bem compreendida, referenciada e interpretada. É a cultura que colore e molda os padrões de *design* de vida de um povo para interpretar a realidade. É a cultura que fornece uma interpretação axiológica do sistema de valores de um povo que vê o seguinte: uma visão integrada *versus* fragmentada do eu; sentimentos como um tom emocional que devem ser expressos, em vez de suprimidos; uma orientação para a sobrevivência que é coletiva, em oposição ao individualismo e competitividade; um senso de tempo que é fluido, em vez de linear; um relacionamento de harmonia com o universo, em vez de controle sobre ele; e um senso de valor baseado na contribuição para a comunidade, em oposição à aquisição de riqueza material e posses (Paham, 2009, p. 6).

Nossas ideias sobre cultura são definidas não apenas pelos comportamentos conscientes observáveis que exibimos, mas também pelas atividades inconscientes de nossa psique. Em minha discussão do complexo racial, chamado por outros três autores como complexo de cor (Adams, Lind, Berg), vejo esse complexo como impositor de demandas sobre nós com base em padrões sociais e históricos que ocorrem dentro e fora do conhecimento consciente. A definição de Jung do inconsciente, previamente apresentada, apoia nosso conhecimento como seres humanos enquanto mostra nossas limitações. Essa definição também revela as possibilidades de *insights* profundos, muito além do que o ego pode pensar em alcançar. É nesse ultrapassar os limites do ego que podemos acessar o material inconsciente no qual residimos e fazer mudanças que alteram nossas vidas para uma maneira mais significativa de viver.

A cultura emerge de um "nível de estrutura profunda" do inconsciente. Acredito que isso seja verdadeiro tanto para o inconsciente pessoal (mesmo com suas características ambientais que desencadeiam energias mais profundas transformadas em comportamentos) quanto para nosso inconsciente coletivo. Vivemos e agimos sob forças inconscientes que, na verdade, definem quem somos na maior parte do tempo, em vez de sermos definidos pela consciência do ego. Ao refletir sobre a cultura e sua definição, reconheço que minha história ancestral existia antes do início da escravização americana. Também reconheço que essa história pode se manifestar por mim mesma em padrões de comportamento quase irreconhecíveis se meu ego for um observador inadequado em minha própria vida. Além disso, sei que posso esquecer partes de mim mesma – partes que não desejo ver porque estou cega pelos desejos do ego por conforto/materialismo ou cega por constelações complexas que, em um momento, mal reconheço e, em outro momento, das quais não tenho memória.

Como posso compreender, manter dentro de mim, os princípios orientadores de uma história cultural que parece "perdida"? Como confrontar a "memória racial" de um complexo racial tão evocativo e propenso a constelações devido à natureza de seu trauma genocida? Se meu eu psicológico "conhece" sua história cultural, quais são os meios ao meu alcance para lembrar e fazer uso desse conhecimento? Parece que um complexo racial africano, ao causar erupção psíquica e trazer à luz material indesejado, não está apenas tentando mostrar o que poderia ser considerado negativo, mas também pode servir como um ponto de referência necessário para o esclarecimento cultural e desenvolvimento tanto do indivíduo quanto do grupo cultural.

Quando Maya Angelou escreveu *And still I rise*, Langston Hughes, *The negro speaks of rivers*, e Amiri Baraka escreveu *Three modes of history and culture*, imagino que eles, assim como os poetas e griôs antecessores, tenham sentido a ativação de um complexo racial que falava à imaginação de uma profunda cultura africana. Essas são as obras escritas por indivíduos os quais acredito terem sido despertados por algo do inconsciente que também demanda um despertar da consciência do ego. Essa união do ego e do inconsciente se mostra na vivacidade energética que pode produzir uma narrativa criativa, seja linguística, visual ou ambas, que contém os cristais do imaginário. Essa expressão se apropria de uma forma dentro da consciência e se veste na cultura do criador – nesse caso, um africano que nos devolve à lembrança de nós mesmos. Essa é certamente minha experiência do poema de Hughes que termina com as palavras eternas: "Eu conheci rios: rios antigos, escuros. Minha alma se tornou profunda como os rios" (Hughes, 1921, p. 73).

Quando considero o complexo racial a partir de uma perspectiva afro-americana, acredito que existem padrões estruturais e arquetípicos em vigor os quais remontam a antes da cor da pele se tornar um determinante importante na definição dos atributos culturais. No entanto, também acredito que as influências arquetípicas do trauma histórico imposto a um povo moldam quem somos como grupo cultural e quem nos tornamos. Os escritos dos poetas mencionados acima abordam o trauma histórico revisitado por um complexo racial, revelando-se no arquétipo do Si-mesmo por meio da criatividade. Essa experiência não se limita aos escritores, mas também inclui pintores, dançarinos, músicos – especialmente da música africana e músicos que trouxeram os ritmos da África para as costas americanas – sul e norte.

Como podemos mudar o foco de uma cultura africana que tem sido definida pelo Holocausto Africano? Será que somos capazes de iniciar ou participar conscientemente de tal mudança? Desejamos nos afastar de um evento arquetípico, porém, devido à sua natureza arquetípica, é possível se afastar?

O que é o racismo?

A história de eventos arquetípicos tem mostrado haver certos padrões em nossa natureza humana que não desapareceram ao longo dos séculos. Um desses padrões é a relação humana de mestre para escravo, do subordinado para o privilegiado. Em nossas vidas contemporâneas, reconhecemos essa circunstância ao vermos esse padrão arquetípico prosperar na venda de mulheres e crianças como escravizadas sexuais.

> O que é o racismo? Essa palavra tem representado a realidade diária para milhões de pessoas negras por séculos, mas raramente é definida – talvez porque essa realidade tenha sido tão comum. Por "racismo", queremos dizer a predicação de decisões e políticas com base na consideração da raça com o propósito de subjugar um grupo racial e manter o controle sobre esse grupo (Carmichael, 2001, p. 112).

Isso não é algo imaginário, mas uma realidade que mais uma vez replica o padrão de um grupo de seres humanos desempoderados por um grupo mais rico e economicamente poderoso. Quando discuto o complexo racial como exibidor de tal padrão de mestre para escravo, estou recordando esse padrão como um aspecto do complexo racial, mas não limitado a ele. Jung disse que complexos e energias arquetípicas provenientes de nossos si-mesmos inconscientes nos controlam – eles têm o poder que nossos egos não podem ter sem um esforço consciente. A consciência desse esforço, acredito eu, também envolve o uso da vontade. Devemos desejar ter uma experiência diferente do Outro – uma que não esteja limitada à necessidade de poder sobre ou controle desse Outro. Isso ainda não aconteceu em nosso século XXI.

A ideia de raça tem sido a ferramenta mais econômica, dominante e poderosa para estender o privilégio branco ao longo dos séculos. O fio mais essencial que mantém isso em vigor foi e continua sendo a "criação" de um Outro. Esse Outro se torna tudo o que é necessário para os privilegiados determinarem seu *status* e manterem seu poder. Esse poder é psicológico, social, econômico e educacional. Esse é o padrão reconhecido em todas as fases das relações raciais americanas.

Toni Morrison (2017), em *The origin of others*, discute sua própria experiência pessoal de ser estranha para outra pessoa e para si mesma. Ela nos conta como um dia conhece uma mulher, uma estranha, com quem engaja em uma conversa animada — uma na qual ela parece esperar ter um futuro encontro – "Eu imagino uma amizade casual, sem esforço, deliciosa" (Morrison, 2017, p. 32). As duas concordam em se encontrar no dia seguinte. No entanto, a estranha não aparece e Morrison começa a questionar sua própria necessidade da "pescadora", uma mulher que ela começa a suspeitar ser apenas uma ladra, roubando peixes de um vizinho ausente. Ela diz:

> Por que deveríamos querer conhecer um estranho quando é mais fácil alienar outro? Por que deveríamos querer diminuir a distância quando podemos fechar o portão [...] Para entender que eu estava ansiando e perdendo algum aspecto de mim mesma (Morrison, 2017, p. 38).

A antecipação expressada por Morrison não é diferente do entusiasmo que sentimos ao querer encontrar o estranho, o Outro. No entanto, penso que sempre temos o medo de encontrar uma autenticidade calorosa enquanto nos afastamos, e esse puxa-empurra psicológico é difícil de suportar. Muitas vezes, dentro do ambiente clínico, vemos esse tipo de sofrimento no paciente, em nós mesmos como analistas e na transferência. Queremos intimidade com outro, mas não conseguimos reconhecer nossa própria reflexão "espelhada" que é projetada em um Outro.

Essas projeções no contexto do complexo racial, quando direcionadas a indivíduos africanos, grupos culturais e outros não brancos, podem conter padrões racistas de pensamento que têm permitido o racismo em nossa sociedade por muitos séculos. No prefácio do livro de Morrison, Ta-Nehisi Coates escreve: "O racismo importa. Ser um Outro neste país importa – e a verdade desanimadora é que provavelmente continuará a importar" (p. viii).

Na linguagem da psicologia junguiana, essas são palavras que poderiam definir um complexo psicológico — qualquer complexo, porque elas importam, assim como uma tradição que tem sido ter pessoas negras como o Outro. Elas têm sido o Outro por causa das diferenças de cor da pele, linguagem, atributos culturais "conscientes" e muito mais. Elas têm carregado a sombra branca rejeitada e projetada sobre elas como parte do fundamento teórico de uma psicologia eurocêntrica.

O autor Lawrence W. Levine (2007) escreve, em *Black culture and black consciousness: Afro-American folk thought from slavery to freedom*, sobre a cultura dos afro-americanos no contexto de histórias folclóricas, música e sobre a "cultura expressiva transmitida oralmente dos afro-americanos nos Estados Unidos durante o século que se estendeu da era *antebellum* ao final da década de 1940 [...]" (p. xxiv). Em seu capítulo "The rise of secular song", o autor observa o seguinte:

> Sobre os temas de raça e cultura, os negros do século XX estavam cercados por confusão e ambiguidade cultural e ideológica, o que rivalizava com a que havia atormentado seus antepassados escravizados [...] Fomos levados a acreditar que, em meio a essa ambiguidade, os negros não queriam nada mais do que ser brancos. Porém, mesmo que tudo na cultura ao redor deles fosse propício para criar esse desejo, o próprio desejo impossível ia diretamente contra o impulso realista e prático tão proeminente na consciência negra (Levine 2007, p. 291).

Nessa declaração, consigo lembrar um pensamento expresso por Jung ao falar dos afro-americanos e seu desejo de serem brancos. Isso, segundo ele, era um aspecto do complexo racial "negro". Levine contesta a proposição de Jung com sua afirmação sobre esse "desejo impossível", contrastando-o com o "bom senso prático" que existia na consciência negra. Ser negro tinha seu próprio poder que permeava as vidas do grupo e não podia ser extinto ao longo de séculos de escravização ou projeções teóricas "desejosas".

A resiliência dos escravizados se provou repetidamente como uma energia arquetípica que emergia em cada geração. Esse impulso energético sempre incluía um padrão de liberdade arquetípica. A "brancura" do Outro poderia representar para os africanos apenas uma coisa: a liberdade do jugo da escravização. W.E.B Du Bois (2003) diz sobre o negro americano na dualidade de ser negro e americano:

Ele não africanizaria a América, pois a América tem muito a ensinar ao mundo e à África. Ele não branquearia sua alma negra em um dilúvio de americanismo branco, pois sabe que o sangue negro tem uma mensagem para o mundo (p. 9).

O reconhecimento de um complexo racial o qual sugere que pessoas africanas desejavam ser brancas e abandonar sua cultura é grosseiramente impreciso e, por si só, parece racista. Acredito que quaisquer padrões imitativos de comportamento que tenhamos adotado como grupo social mostram nossa disposição para mudar em circunstâncias e talvez por conveniência dos tempos. Acredito que qualquer indivíduo negro que se envolva nesse tipo de mudança física, por exemplo, clareando a pele, está buscando encontrar uma diferença – encontrar seus outros si-mesmos. Não acredito que um grupo cultural inteiro de pessoas – milhões – deseje se tornar branco. Acho que nosso complexo racial cultural exige muito de nós. Pode exigir que, em seu efeito, sintamos inveja, raiva, uma tristeza profunda e muito mais em um nível emocional. Talvez, a ideia de nosso "desejo" de ser branco seja um aspecto da imaginação branca e seu próprio complexo racial, constelado pelo desejo de recuperar todas as projeções sombrias racialmente exóticas que as pessoas africanas têm mantido como grupo ao longo dos séculos. Será que esse Outro branco realmente só quer e deseja mais de si mesmo? Em sua confusão, as pessoas africanas tornam-se aquelas que os desejam – será que isso realmente é apenas projeção?

8
Trauma cultural e complexo racial

Trauma cultural

O trauma cultural, como descrevo neste capítulo, é específico ao trauma do grupo cultural africano, que com seus ancestrais experimentou o sofrimento e os efeitos posteriores do Holocausto Africano. A relação entre a experiência de trauma do grupo e o complexo racial estão ligados de maneiras que definem tanto indivíduos quanto a identidade do grupo na vida contemporânea, além de possivelmente servir como o projetor teleológico do futuro. Digo isso baseada no que parece estar na natureza de um dos aspectos mais dramáticos desse grupo particular. Faço essa afirmação, porque os nossos complexos, por natureza, não desaparecem. Quanto mais lutamos para nos livrar deles, mais determinados eles se tornam a permanecer conosco.

Acredito que a adesão consistente do complexo racial por parte das pessoas africanas reflita o trauma particular da cultura desse grupo de pessoas não brancas. O trauma histórico da escravização e suas consequências tiveram tudo a ver com a criação da identidade dos afro-americanos. Sua escravização foi diretamente devida à sua etnia. Mesmo depois que os brancos, inicialmente unidos como servos contratados, cumpriram seu tempo e se tornaram indivíduos livres, os negros permaneceram acorrentados na escravização.

Na verdade, o movimento foi intencional e deu aos colonos brancos o trabalho livre que precisavam para obter liberdade econômica da Inglaterra. Em *A different mirror: A history of multicultural America*, o autor, Ronald Takaki (2008) diz:

> Embora tivessem sido "vendidos", os primeiros africanos na Virgínia provavelmente não eram escravizados, pessoas reduzidas a propriedade e obrigadas a trabalhar sem salário pelo resto da vida. Em 1619, a Virgínia não tinha lei que legalizasse a escravização. Assim como muitos colonos ingleses, os africanos foram vendidos como servos contratados, obrigados por contrato a servir um mestre por quatro a sete anos para pagar o custo de sua passagem (p. 52).

No entanto, nos quarenta anos seguintes a situação mudou, e os africanos, os quais haviam trabalhado e vivido com servos ingleses brancos durante essas décadas, já não podiam ser livres.

> Em 1661, a Assembleia da Virgínia começou a institucionalizar a escravização para torná-la de direito. Uma lei sobre o castigo de servos referia-se "àqueles negros que são incapazes de satisfazer por meio do acréscimo de tempo de serviço". Em outras palavras, eles eram obrigados a servir pelo resto da vida. Oito anos depois, a legislatura da Virgínia definiu um escravizado como propriedade, parte do "patrimônio" do proprietário (Takaki, 2008, p. 56).

Levou quase meio século para o movimento sociopolítico dos africanos passar de "contratados" por vários anos para se

142

tornarem escravizados pelo resto da vida. A pior crueldade era isso não ser apenas para suas vidas, mas para todas as gerações seguintes. Hoje falamos do sobrevivente como alguém que conseguiu escapar de uma situação mental ou fisicamente dolorosa. Acredito que todo afro-americano atualmente vivo seja um sobrevivente, porque o evento traumático inicial continua a reverberar nas vidas conscientes e inconscientes desse grupo cultural. Há quem sugira que o evento da escravização pode e talvez deva ser deixado para trás. Que não é mais um evento que requer nossa atenção.

Se isso é verdade para alguns em nossa sociedade americana, não acredito que seja assim para aqueles que trabalham no campo da psicologia — especialmente na psicologia junguiana. Parece que estamos apenas no início das conversas e diálogos dentro desta área de especialidade sobre discussões de raça, racismo e complexos culturais. Como exemplo, em *Confronting cultural trauma: Jungian approaches to understanding healing* (Gudait & Stein, 2014), não há menção ao trauma cultural afro-americano. Os ensaios no livro editado refletem histórias de trauma da Geórgia, Cáucaso, Alemanha, Estônia, até mesmo da Rússia. Muitas das vozes que falam sobre trauma intergeracional são internacionais. Ao comprar esse livro, esperava encontrar um ou dois ensaios que falassem algo sobre o trauma cultural intergeracional afro-americano, que considerassem maneiras de refletir, por meio do trabalho junguiano, possibilidades de cura. O mais próximo que encontrei foi de Astrid Berg em seu ensaio sobre o "Outro", o qual trata sobre a África do Sul pós-Apartheid. Quando digo que cada pessoa negra viva é uma sobrevivente, quero dizer em todos os aspectos que podem ser imaginados, e uma das formas principais é por meio da visibilidade como membro do grupo. Entendemos que os sobreviventes do Holocausto Judeu e seus descendentes prometeram nunca esquecer. Um aspecto marcante em relação aos afro-americanos foi quase a ambivalência sobre "lembrar". Em uma era pós-Guerra Civil, parecia que, nas tentativas de reconciliação entre o Norte e o Sul, os negros recebiam apoio mínimo. Esse apoio teria sido para ajudar a lembrar o sofrimento cultural suportado por séculos. Em vez disso, a política da época teve precedência, e os negros foram solicitados a esquecer a escravização – quase como se fosse um evento casual, não algo que havia mudado o padrão de vida de milhões e causado milhões de mortes.

As pessoas africanas ainda não conseguem esquecer. Não sei se algum dia haverá um momento para colocar a escravização e suas consequências de lado como um evento histórico-cultural a ser esquecido. Em outro dos ensaios de *Confronting cultural trauma*, o autor, John Hill (2014), diz:

> Considero o termo *trauma cultural* como aplicável não apenas à traumatização de um indivíduo ou grupo quando o patrimônio cultural é ameaçado, desvalorizado, violado, usado como bode expiatório, ou não permitido enraizar e desenvolver. Estendo o significado de trauma cultural para incluir certos padrões de comportamento, práticas, pressupostos, normas e tradições que podem induzir trauma dentro da própria cultura (p. 32).

O trauma que ocorre a um indivíduo ou grupo é infligido de fora do grupo, mas também pode ser repetido várias vezes entre os membros da família. Hill (2014) aborda o problema através de duas narrativas de casos sobre como o trabalho clínico deve se envolver de forma diferente dos hábitos culturais usuais exibidos na família: "Essa é talvez a razão pela qual a resolução da mistura potencialmente mortal exigia um horizonte cultural alternativo, que transcende os limites estreitos do lar parental" (p. 33).

Eu não acredito que qualquer pessoa, mesmo membros dentro do grupo cultural, possa dizer quando um evento impactante como um holocausto cultural e suas condições emocionalmente traumatizantes deve acabar. Acredito haver ritmos naturais da vida. Não parece que estamos no fim de um ciclo que aborda a liberação de todo o trauma desse evento cultural. Um grande problema ao buscar o fim e o encerramento de todos os artefatos culturais da escravização americana é que apenas agora estamos começando a realmente vê-los.

À medida que vemos as partes culturais de nós mesmos expostas e exibidas dentro de nosso grupo cultural, bem como a outros grupos, vemos e entendemos mais sobre quem somos neste século XXI. Somos formados e moldados pelo nosso passado. Ele continua a nos influenciar hoje. Minha própria crença em permitir a transcendência de algo maior que pode conter a energia cultural do meu grupo ancestral me apoia em pensar que devemos abraçar tudo o que nos aconteceu – para não esquecer, para que possamos aprender lições psicológicas e sociais que podem ser difíceis de suportar. Acredito que estejamos apenas começando a realmente ver o horror do que aconteceu com as pessoas africanas. *Black rage*, de William H. Grier e Price M. Cobbs, escrito em 1968, durante um período de intensas erupções políticas, sociais e culturais raciais, aborda um ambiente racial que até hoje mantém certos padrões. Os autores dizem:

Ser "de cor" significou muito mais do que andar no fundo do ônibus. Certamente, há grande miséria em ser o último contratado e o primeiro demitido e relegado a seções decadentes da cidade, mas há um sofrimento duradouro em ser feito para se sentir inferior (p. 30).

Acredito que, como grupo cultural, continuemos a suportar.

Desde a escrita de *Black rage*, certamente alguns eventos ocorridos nos impulsionaram para uma visão mais humanizada do grupo cultural. No entanto, a visão interna de nós mesmos, que tem um inconsciente pessoal, também deve mudar. O ego precisa se tornar destemido.

> Ser um escravizado era experimentar um desenvolvimento psicológico muito diferente daquele vivenciado pelo mestre. A escravização exigia a criação de um tipo particular de pessoa, compatível com uma vida de servidão involuntária. O escravizado ideal tinha que ser absolutamente dependente e ter uma profunda consciência de inferioridade pessoal. Sua cor foi transformada no emblema dessa degradação. E como precaução final, ele foi imbuído com um sentimento de poder ilimitado de seu mestre. Os ensinamentos tão meticulosamente aplicados não desaparecem facilmente (Grier & Cobbs, 1968, p. 26).

Privilege, power and difference (2017) está em sua terceira edição. O autor, Allan G. Johnson, conta uma história na qual estava jantando com uma colega. Eis o que ele diz. Compare com os autores Cobbs e Grier na citação acima:

> A simples verdade é que quando vou às compras, provavelmente serei atendido mais rápido e melhor do que ela (uma colega negra). Vou me beneficiar da *suposição cultural* de que sou um cliente sério que não precisa ser seguido para evitar que roube algo. O balconista não vai pedir três tipos de identificação antes de aceitar meu cheque ou meu cartão de crédito. Mas todas essas indignidades das quais minha branquitude

me protege são parte de sua existência cotidiana. E não importa como ela se vista ou se comporte, ou que seja executiva em uma grande corporação. O fato de ela ser negra e os corretores de imóveis, banqueiros e funcionários serem brancos em uma sociedade racista é tudo o que basta (Johnson, 2017, p. 6).

O primeiro trecho acima, escrito por dois psiquiatras negros há cinquenta anos, aborda as experiências reais de uma pessoa negra hoje, vistas pelos olhos de um homem branco. Em nosso tempo, podemos falar de pressuposições culturais – Johnson o faz com uma casualidade ao tratar de nossa familiarização em ver e reconhecer diferenças culturais e discriminação cultural. Como mulher de um grupo cultural africano, já fui seguida em uma loja devido a uma compreensão cultural branca de que eu poderia ser uma ladra. A constelação do meu complexo racial aquece emocionalmente primeiro como raiva. Depois vem uma reação típica quando algo profundo é ativado, movendo-se para a consciência consciente – alguma confusão, devo dizer algo ou apenas continuar comprando? Essa não é uma história inventada. Essa é minha experiência vivida como mulher negra. Quando saí de casa, antes mesmo de entrar no carro para ir à loja, tenho uma compreensão cultural negra. Eu posso ser suspeita de roubo. Há um sofrimento duradouro em ser feito para se sentir inferior.

Os autores Grier e Cobbs (1968) escrevem sobre o estado emocional que os homens negros americanos devem suportar. Eles definiram esses estados no contexto da cultura negra. Ao falar da sobrevivência como homem negro, os autores dizem:

> Ele deve se proteger contra trapaças, difamações, humilhações e maus-tratos diretos pelos representantes oficiais da sociedade [...] Para sua própria sobrevivência, então, ele deve desenvolver uma *paranoia*

cultural na qual todo homem branco é um inimigo em potencial, a menos que prove o contrário, e todo sistema social está contra ele, a menos que pessoalmente descubra o contrário (p. 178).

Em sua discussão sobre o que eles definiram como "a norma negra", os autores reforçam a importância de os clínicos de psicologia reconhecerem o que chamaram de "traços de caráter" para o sucesso e a sobrevivência na sociedade. Não acredito que essas "normas" tenham mudado drasticamente desde a escrita de seu livro. Os autores falaram de uma depressão cultural, masoquismo cultural e antissocialismo cultural – todos necessários para viver como um homem negro. A experiência de viver de certa maneira que permita manter a melhor saúde psicológica possível sob as circunstâncias do racismo insidioso.

A paranoia cultural da qual os coautores escrevem é uma condição necessária de ser negro. Eu também acredito que isso adicione um estresse particular às vidas daqueles que vivem dentro desse grupo cultural africano. A sobrevivência do grupo tem resistido ao longo dos séculos porque houve ajustes mentais e comportamentais desenvolvidos a seu serviço.

Os artefatos culturais foram perdidos e substituídos por artefatos mais necessários para lidar com presença psicológica da mente.

> A cultura da escravização nunca foi desfeita para o mestre ou para o escravizado. A civilização que tolerou a escravização largou seu manto de escravização, mas os sentimentos internos permaneceram. A "instituição peculiar" continua a exercer sua influência maléfica sobre a nação. A prática da escravização parou há mais de cem anos, mas as mentes de nossos cidadãos nunca foram libertas (Grier & Cobbs, 1968, p. 26).

Como libertamos nossas mentes? Acredito que isso tenha sido uma luta do coletivo americano desde antes da Proclamação de Emancipação. Mesmo nos anos 1700, antes e depois da Revolução Americana, o clamor pela liberdade de todos os homens era ouvido em várias partes do mundo. Sugiro que tenhamos tanta dificuldade em libertar nossas mentes porque talvez sejamos muito dependentes ao pensar que essa liberdade vem apenas do centro da consciência do ego. Quando consideramos a possibilidade de estarmos ligados a um padrão arquetípico de mestre-escravo, devemos reconhecer que o ego sozinho não tem controle sobre essa energia arquetípica que domina a consciência humana desde os tempos bíblicos.

Podemos considerar libertar nossas mentes ao buscarmos nós mesmos em um lugar mais profundo que se conecta ao nosso inconsciente pessoal? Podemos considerar ganhar mais liberdade de consciência ao pensarmos nos complexos raciais e na força que eles exercem sobre nós enquanto continuamos a nos separar de um Outro que realmente é diferente por cultura, mas semelhante de muitas outras maneiras?

Em *My grandmother's hands: Racialized trauma and the pathway to mending our hearts and bodies*, de Resmaa Menakem (2017), o foco é em como podemos verdadeiramente viver em nossos corpos por meio da compreensão daquilo que o autor identifica como trauma racial. Concordo com Menakem quando diz o seguinte:

> Nas últimas três décadas, tentamos seriamente abordar a supremacia do corpo branco na América com razão, princípios e ideias – usando diálogo, formulários, discussão, educação e treinamento mental. Mas a destruição generalizada dos corpos negros continua. E algumas das partes mais feias dessa destruição vêm de nossos policiais. Por que há um abismo tão

grande entre nossas tentativas bem-intencionadas de curar e o número crescente de corpos de pele escura que são mortos ou feridos, às vezes por policiais? [...] Nossos corpos têm uma forma de conhecimento que é diferente de nossos cérebros cognitivos. Esse conhecimento é tipicamente experimentado como um sentido de constrição ou expansão, dor ou alívio, energia ou entorpecimento. Frequentemente, esse conhecimento é armazenado em nossos corpos como histórias inarticuladas sobre o que é seguro e o que é perigoso. O corpo é onde o medo, a esperança e reação estão localizados; onde nos contraímos e liberamos; e onde lutamos, fugimos ou congelamos reflexivamente. Se quisermos mudar o *status quo* da supremacia do corpo branco, devemos começar com nossos corpos (Menakem, 2017, p. 4-5).

Parece que ainda precisa haver um enlace entre nossos corpos e aquela parte de nós que vem de nossos si-mesmos inconscientes. Menakem continua discutindo a neurociência e seu nervo vago, usando as palavras "nervo da alma" para explicar o foco instintivo do nosso cérebro primal na sobrevivência. O autor diz: "O trauma não é primariamente uma resposta emocional. Ele sempre acontece no corpo" (Menakem, 2017, p. 7).

O trauma recorrente que ocorre em nível corporal é uma memória e um lembrete físico de algo que aconteceu e foi doloroso. É um aspecto de nossa sobrevivência humana que nos permite continuar nos protegendo. No entanto, a proteção que oferecemos a nós mesmos dentro de nossos grupos culturais, tanto brancos quanto negros, tem trabalhado para criar antagonismos ligados a um complexo racial que funciona como parte de nossos complexos culturais únicos.

Samuel Kimbles (2014) em *Phantom narratives: The unseen contributions of culture to psyche* fornece sua definição de complexos culturais. Ele diz:

Identifiquei cinco elementos básicos [...] (1) eles funcionam no nível de grupo da psique individual e dentro do grupo; (2) funcionam autonomamente; (3) organizam a vida do grupo; (4) facilitam o relacionamento do indivíduo com o grupo; e (5) fornecem um senso de pertencimento e identidade, bem como um senso de continuidade histórica (p. 83).

Como parte do encontro da Universidade Antioch, que mencionei anteriormente no capítulo 3, tive minha própria experiência de contratransferência em relação a grande parte do material discutido naquele dia. Algo que se tornara mais claro foi minha própria relutância em trabalhar com material sobre o complexo racial culturalmente branco como parte das discussões com o público. Isso foi confirmado algumas semanas depois, quando fiz uma palestra em um instituto psicanalítico. Alguém da plateia queria saber por que eu não falei mais sobre o complexo racial da cultura branca. Tenho pensado mais sobre essa questão desde esses dois eventos mais recentes. Uma razão é que acredito que nós – o grupo cultural de pessoas africanas – temos muita história própria que requer revisitação. Essa revisitação é demandada devido à natureza da perda que experimentamos ao longo dos séculos. Minha curiosidade e resistência para explorar a riqueza cultural do nosso grupo atraem minha atenção. Também estou curiosa em relação a um complexo cultural branco que se envolve com o racismo, mas principalmente quando esse complexo afeta meu grupo cultural ou estabelece um intercâmbio intencional e planejado, no qual os brancos estejam envolvidos em investigar e discutir seu complexo racial branco. Ainda encontro a ausência de vozes fortes negras dentro do campo da psicologia – literatura, programas de formação e ambientes clínicos – razões suficientes para me concentrar em falar a partir do espaço da cultura africana.

Samuel Kimbles, em sua própria escrita, relata o aspecto pessoal de como chegou a escolher seu trabalho específico sobre complexos culturais. Primeiro, ele relata um sonho que tivera na noite anterior à sua entrevista para ingressar no programa de formação de candidatos analistas junguianos. Nesse sonho, ele encontra vários homens negros que insistem que se junte a eles para dar um "aperto de mão secreto" antes de se separarem. Kimbles (2014) diz:

> Como a tradição junguiana tendeu a considerar os processos culturais e grupais como exogâmicos para o desenvolvimento individual, o significado da cultura para a individuação frequentemente foi negligenciado. De acordo com a promessa que fiz aos outros homens negros neste sonho, meu desenvolvimento pessoal e clínico no caminho para o treinamento analítico teria que ser diferente. Eu teria que reconhecer que trabalhar com questões culturais estava intimamente relacionado à individuação [...] Questões de parentesco e lealdade, dinâmicas de poder, opressão e culpa poderiam, portanto, permanecer em minha mente como um contexto para o treinamento analítico (p. 5).

De maneira semelhante, tenho sentido a necessidade de aprofundar minha própria consciência por meio do meu trabalho com outros, que inclui minha própria herança cultural, processos psicanalíticos e cura racial. Entrei nos estudos junguianos por meio do trabalho com sonhos. Isso, junto à óbvia necessidade de desenvolver mais conhecimento sobre nossos processos psicológicos culturais em relação a questões sociais destacadas como o racismo, tem me envolvido. Já discuti muito disso no capítulo introdutório deste livro e em uma publicação anterior (Brewster, 2017).

A presença da etnicidade na psicologia junguiana como prática e área da psicologia geral está evoluindo. Em seu texto clássico, *Complexes: Diagnosis and therapy in analytical psychology*, Hans Dieckmann (1999) aborda o complexo de Édipo. Ele descreve o mito e aplica sua própria interpretação. É importante notar sua referência ao que talvez seja um uso inadequado desse mito em relação às culturas não brancas:

> O complexo de Édipo não é válido para todas as culturas, mas é específico para a nossa. Stein (1974) destacou haver muitos povos primitivos que não possuem um tabu do incesto em relação aos pais, mas apenas em relação aos irmãos. Não podemos mais depreciar isso como algo primitivo e pré-edipiano, como foi feito nos séculos XIX e XX; hoje sabemos, graças a extensos estudos etnológicos, que os chamados povos primitivos não eram, de forma alguma, primitivos, mas desenvolveram áreas além da ciência natural e tecnologia. Nessas áreas, eram tão diferenciados e, em parte, superiores a nós, como mostrou Levi-Strauss (1966) (p. 112).

As diferenças culturais de grupo não devem nos tornar anormais, perversos ou abomináveis uns aos outros. No entanto, devido à nossa longa história de invenção intrusiva da raça e do racismo em nossas experiências culturais, aumentamos nossas possibilidades de estarmos em oposição a um Outro ao mesmo tempo em que também o criamos. Acredito que a teoria de Jung sobre os opostos seja relevante para nossa discussão do complexo racial, porque, quer acreditemos ou não, em um nível inconsciente ela nos apoia em um conflito de separação. Jung diz:

A união psicológica dos opostos é um termo intuitivo, que abrange a fenomenologia deste processo. Não constitui ele uma hipótese explicativa para algo que *per definitionem* (por definição) ultrapassa nossa capacidade de compreensão (OC 14/2, § 207).

Expandindo essa ideia, Jung acreditava que o conflito dos opostos ocorre em um nível energético dentro do indivíduo, entre casais e entre grupos. No distanciamento que pode ocorrer entre nós mesmos e o Estranho, o Outro, como discutido anteriormente por Toni Morrison, vemos isso no nível individual. Em tempos de guerra e conflitos raciais, vemos isso dentro de nossos grupos culturais.

A ideia de Jung sobre a naturalidade de ver o Outro como algo separado e provavelmente com cautela talvez seja para a compreensão do ego sobre segurança e sobrevivência. Uma das teorias mais recentemente divulgadas pela neurociência é que temos uma transmissão biológica em nossos cérebros que se ativa quando vemos alguém diferente de nós. Nossa reação positiva é menor do que quando vemos alguém semelhante – como na cor da pele. Isso se tornou um identificador imediato de diferença em nossa sociedade americana. Não é apenas um indicador de diferença étnica, mas também pode ter consigo muitas conotações negativas, inconscientes e conscientes. Isso influencia a ocorrência de uma resposta positiva (se houver) no encontro entre uns e outros.

Opostos no complexo

Volto agora à discussão dos complexos raciais, que considero um fio muito significativo no tecido psíquico do complexo cultural maior. A capacidade das pessoas africanas de lidar com o trauma cultural ao longo de muitos séculos pode ocorrer devido à resiliência e está diretamente ligada à teoria de Jung sobre os opostos e à mudança funcional da ação compensatória que ocorre em um nível inconsciente. A magnitude da escravização, da Guerra Civil, das leis de Jim Crow, tudo isso contribuiu para a ativação de um complexo coletivo de grupo ao longo de décadas. Em um nível inconsciente, com a escravização em vigor, a energia arquetípica da liberdade africana também se expressava por meio dos esforços de muitos indivíduos e grupos. A ativação compensatória dos complexos culturais resultou na Guerra Civil, nos eventos reacionários de Jim Crow após a guerra e, algumas décadas depois, cresceu até a plenitude do Movimento pelos Direitos Civis. Em nossos si-mesmos primordiais, queremos estar seguros. Nosso ego deseja isso, além de conforto e todos os privilégios que a vida pode oferecer. O puxar e empurrar dos complexos raciais inconscientes, traumatizados por séculos de dor física, tortura emocional e sofrimento psicológico, incluindo as mortes de centenas de milhares, vive no corpo assim como na consciência grupal das pessoas africanas.

Carol Anderson (2016), autora de *White rage: The unspoken truth of our racial divide*, descreve o que percebo como um exemplo do funcionamento dos opostos de Jung ao discutir a fúria branca com aquilo que identifico como um complexo cultural branco:

> A fúria branca não se trata de violência visível, mas sim de se insinuar pelos tribunais, legislativos e uma variedade de burocracias governamentais [...] Não é a simples presença de pessoas negras que é o problema [...] É a negritude que se recusa a aceitar a subjugação e a desistir (p. 4-5).

A negritude que se recusa a desistir é a força energética de oposição que confronta um complexo racial branco dentro de uma dinâmica grupal que se insinua pelos "corredores do poder". O complexo africano socialmente ativado, carregado por uma força arquetípica sempre direcionada à liberdade, é demasiado poderoso para ser confrontado diretamente, exceto pela Klan e algumas outras organizações nacionalistas brancas. No entanto, como Anderson apontou, o que vemos é a erosão das conquistas africanas – alcançadas por meio de sangue, morte e séculos de perdas. A fúria branca, como parte de um complexo racial cultural que se expressa comportamentalmente, aconteceu em Charlottesville como o último e mais recente incidente desse tipo de expressão. Ao observar a nomeação de Kavanaugh para a Suprema Corte e outros juízes federais, reconheço um enchimento dos tribunais com o único propósito de negar aos povos negros suas liberdades civis. Os afro-americanos aprenderam que, mesmo com a força judicial através das leis, nosso trauma racial e coletivo cultural sempre permanece em um estado de paranoia cultural. Em nossa posição individual como parte desse grupo cultural, nosso sentimento de falta de segurança – política, social e economicamente – não nos permite descansar por muito tempo. Isso contrasta com o privilégio branco que não precisa de tal consciência da necessidade de segurança nessas áreas.

Complexos raciais, como nosso trauma, podem ser sutis ou visíveis, como uma febre ainda não detectada no corpo ou as chamas de um incêndio florestal. Isso não é diferente dos incêndios de dissidência que experimentamos nas décadas de 1960 e 1970. A conexão entre nossos complexos raciais africanos e nosso trauma cultural é tão entrelaçada que acredito que nunca possamos separar os dois. Eles nasceram juntos da consciência racial branca de ganância, poder e da demanda arquetípica de expressão para uma relação de mestre-escravo. A expressão cultural desse arquétipo assumiu forma na escravização americana. Os complexos são sutis, e frequentemente estamos presos neles sem perceber. Geralmente é por meio de uma retrospectiva que podemos vê-los. Dentro de nossos grupos culturais, podemos adquirir mais conhecimento sobre estar preso em um complexo cultural. Acredito que nossos complexos raciais culturais negros nos protegeram da extinção. Milhões de nós morreram – sem ninguém para lamentar por nós. Ainda assim, sobrevivemos. Essa é a insistência poderosa da memória coletiva que pode reunir forças a partir de uma história trágica que não será esquecida. É essencial que esse passado não seja esquecido. Acredito que ele deva ser lembrado e incorporado na visão do que ainda é necessário e essencial para a transcendência – um ressurgimento consistente de uma terceira energia que surge da tensão entre os opostos dos grupos culturais.

Se existem opostos psíquicos operando dentro de nós como indivíduos e como membros de grupos culturais e esses opostos podem se manifestar no espectro negativo do complexo racial, como encontramos nosso caminho na consciência para o lado positivo com maior frequência? Conhecemos nosso trauma. Estamos continuamente aprendendo sobre nossos si-mesmos, que são inconscientes do ponto de vista psíquico-racial. Qual é o fluxo de aprendizado – o símbolo transcendente, uma realidade viva que pode emergir para apoiar a cura de nossos corpos e espíritos do racismo e do trauma cultural?

9
Transferência e contratransferência

A arte e a prática do trabalho psicológico junguiano incluem o reconhecimento do que ocorre entre analista e analisando naquilo que é comumente conhecido como transferência. A psicologia junguiana gradualmente cresceu para ser um pilar que sustenta esse conceito, primeiro nomeado por Freud e posteriormente adotado por Jung em sua psicologia analítica. Foi a discussão da transferência como o "alfa e ômega" da psicoterapia que primeiro despertou grande interesse tanto em Freud quanto em Jung em seu encontro inicial em 1907. Jung compreendeu e promoveu a transferência como vitalmente importante para as trocas que ocorrem entre terapeuta e cliente cada vez que estão engajados um com o outro. Mesmo enfatizando a importância da transferência, Jung diz o seguinte sobre esse conceito:

> Quanto a mim, sempre fico satisfeito quando a transferência transcorre de maneira suave ou praticamente imperceptível. Nestes casos ficamos pessoalmente muito menos absorvidos e podemos contentar-nos com outros fatores terapêuticos eficazes. Entre estes últimos figura em lugar de destaque o *insight* do paciente, além de sua boa vontade e também a autoridade do médico, a sugestão, o bom conselho, a compreensão, o interesse, o modo de encorajar etc. É evidente que não se trata aqui de casos graves (OC 16/2, § 359).

Ao ler as palavras de Jung, penso sobre o aspecto mais relacional de se sentar com um cliente. Compreensão, empatia e tudo o que ele diz entra na experiência de estar um com o outro. No entanto, ao experimentar a transferência e a contratransferência, há muito mais, e Jung aborda isso em várias partes de seus ensaios em *A psicologia da transferência* (OC 16/2).

É significativo que Jung tenha também afirmado anteriormente que a transferência era um obstáculo para o paciente obter a cura do trabalho psicológico (OC 16/2, § 277). Embora tenha expressado uma variedade de ideias sobre a transferência, acredito que Jung sempre a considerou relevante para o trabalho clínico. Os praticantes junguianos que o seguiram, embora tenham mudado a conceptualização da transferência, continuam a entender sua importância para a implementação da psicologia clínica junguiana.

Jung, na publicação de *A psicologia da transferência*, decidiu usar a alquimia e seus símbolos pictóricos do *Rosarium philosophorum* para expressar sua teoria da transferência dentro do contexto clínico. Ele fala sobre a relação entre duas pessoas, suas projeções e a recuperação de seu material inconsciente:

> Na análise clínica constatou-se que os conteúdos inconscientes se manifestam sempre, primeiro, de forma *projetada*, sobre pessoas e condições objetivas. Muitas projeções são integradas no indivíduo definitivamente, pelo simples reconhecimento de que fazem parte de seu mundo subjetivo. Mas há outras, no entanto, que não se deixam integrar, apenas se desligam dos seus objetos iniciais e são transferidas ao terapeuta (OC 16/2, § 357).

Jung afirma ainda: "Este vínculo pode ser tão intenso, que até poderíamos falar de uma *ligação*. Quando duas substâncias químicas se ligam, ambas se alteram" (OC 16/2, § 358). Essa ideia de combinação levou-o a usar a palavra *coniunctio* para representar como o psicoterapeuta e o cliente se tornam um por meio da transferência.

A conexão que ocorre entre paciente e analista pode ser desconfortável. Jung diz que, no trabalho clínico, devido à ativação de complexos inconscientes e energias arquetípicas, o paciente pode perder o contato com a personalidade do ego:

> Essa passagem pode ser tão medonha, que o paciente tenha que agarrar-se ao médico (não que ele deva fazê-lo!), como se este fosse a última realidade. Tal situação é difícil e incômoda tanto para um como para o outro. Não raro o médico então, tal como o alquimista, já não sabe se é ele que está fundindo a arcana substância metálica no cadinho, ou se não é ele próprio que arde no fogo qual salamandra (OC 16/2, § 399).

No fogo do desenvolvimento da relação, Jung diz que tanto o paciente quanto o analista são transformados pelo trabalho. Para este último, "o limite do subjetivamente possível tem que ser atingido de qualquer maneira, pois de outra forma o paciente também não pode perceber os seus próprios limites" (OC 16/2, § 400). A revelação de vulnerabilidades e a exposição ao verdadeiro sofrimento que trouxe o paciente ao temenos, e das quais o analista compartilha, revela:

> Não se trata mais do eu antigo, com sua ficção e seu aparato artificial, mas de um outro eu, de um eu *objetivo*, que por esta razão é melhor designar por *Si-Mesmo* (*Selbst*). Não se trata mais de escolher entre as ficções a que mais convém, mas de uma série de duras realidades, que juntas formam a cruz que, afinal, cada um de nós tem de carregar, ou formam o destino que nós somos (OC 16/2, § 400).

As palavras de Jung carregam a potência da influência metafórica e autêntica da transferência dentro do ambiente clínico. Um grande objetivo do trabalho psicológico que inclui a transferência é o cliente e o terapeuta serem tocados e mudados pelo trabalho devido ao diálogo consciente e inconsciente, empatia e engajamento ampliado. A união de dois na alquimia representa a união do terapeuta e do paciente no trabalho clínico. Dentro dessa união, ocorre a transferência, e, esperançosamente, algo que aborda a exposição dos si-mesmos psicológicos um do outro é alcançado. Como resultado, tanto o paciente quanto o terapeuta mudam.

Leslie C. Jackson e Beverly Greene, editores de *Psychotherapy with African American women: Innovations in psychodynamic perspectives and practice*, apresentam ensaios de vários clínicos. Um desses ensaios, "The interweaving of cultural and intrapsychic issues in the therapeutic relationship", aborda o que as autoras Kumea Shorter-Gooden e Leslie C. Jackson (2000) definem como a transferência cultural. Elas afirmam:

> Definimos a transferência cultural de forma ainda mais ampla como as reações emocionais de um cliente ao terapeuta, baseadas no sentimento que aquele tem sobre quem este é culturalmente com relação à raça, etnia, religião, gênero, idade, classe social e outros fatores [...] A transferência cultural e como ela é reconhecida e tratada é um elemento importante na formação da aliança terapêutica (p. 20).

É importante para terapeutas negros reconhecerem não apenas os problemas psicológicos que enfrentamos, mas também a importância de estarmos juntos na cura desses problemas. Desde o início dos serviços psicológicos disponíveis para pacientes americanos, os afro-americanos têm sido discriminados na prestação desses serviços. Isso se deve ao preconceito natural contra os afro-americanos, que é um aspecto do racismo institucional, incluindo a crença de que negros não precisavam de atenção "adicional" além de cuidados médicos mínimos. Isso faz parte de um mito paradoxal falso que retrata as pessoas africanas como inferiores e indignas de precisar de cuidados adequados, enquanto servem como uma medida econômica do sucesso branco.

Na verdade, os primeiros tratamentos médicos eram principalmente direcionados a mulheres negras em idade fértil em benefício do sistema de plantação e, posteriormente, do mercado de trabalho. Os cuidados de saúde geralmente eram dados dentro de um contexto cultural, com curandeiras e parteiras. Na discussão sobre projeção, as autoras afirmam:

> Um dos desafios na díade cliente feminina afro-americana-terapeuta feminina afro-americana é que como a cliente se sente consigo mesma pode ser imediatamente projetado na terapeuta. Se a cliente, por exemplo, tem sentimentos negativos sobre ser negra e mulher, esses sentimentos podem ser transferidos para a terapeuta por meio do processo de projeção ou de identificação projetiva (Shorter-Gooden & Jackson, 2000, p. 22).

Quase todas as pacientes de ascendência africana que procuraram meu apoio psicológico expressaram um aspecto positivo, às vezes idealizado, da transferência, exceto uma. Eu recebo esse tipo de transferência de braços abertos. Também acredito que um complexo materno negativo deve ser ativado em algum momento para que aquilo que esteja mantendo a paciente cativa seja liberado por meio do trabalho no complexo materno. Aceito as projeções como parte natural de nosso trabalho clínico juntas. Nada é proibido ou negado na experiência transferencial, exceto aquelas coisas que violam os limites éticos. Como Shorter-Gooden e Jackson (2000) afirmam: "A terminação prematura é frequentemente um problema quando a transferência cultural não é atendida" (p. 23). Experimentei isso como clínica que trabalha com pacientes negros. Conforme as autoras sugerem, a falta de compreensão e abordagem adequadas, reconhecendo que, embora sejamos da mesma cultura, podemos ter origens diferentes que nos impedem de nos encontrar na aliança terapêutica. Isso é verdadeiro e, às vezes, chego à minha própria percepção ou suspeita de "falha do terapeuta" em estabelecer um vínculo suficientemente bom com o paciente pela falta de compartilhamento.

Isso também pode ser causado pelo meu estilo psicanalítico que é, na verdade, muito frio, insuficientemente caloroso para estabelecer um vínculo em nível cultural. Descobri que se isso não acontecer em um nível cultural como parte da transferência, a terapia provavelmente será encerrada mais cedo ou mais tarde, deixando-me com um sentimento de fracasso no trabalho e na incompletude dele. Acredito que ainda possa haver certa dose de desconforto presente mesmo entre dois terapeutas da mesma cor. Nossa transferência cultural pode, na verdade, dificultar a relação em termos de aliança terapêutica devido a expectativas não realizadas que são difíceis de trabalhar durante a sessão.

Shorter-Gooden e Jackson escrevem sobre o *Real relationship*, seguindo R. Greenson (1967) de *The technique and practice of psychoanalysis*. As autoras dizem:

As atitudes de transferência e contratransferência cultural são trazidas pelo cliente e terapeuta para o encontro terapêutico e podem não ter nada a ver com a realidade do clínico ou cliente sentado na sala. No entanto, o relacionamento real entre o par é outro elemento importante que pode facilitar ou atrapalhar o desenvolvimento de uma aliança terapêutica. O relacionamento real é definido por Greenson (1967) como partes da relação entre o terapeuta e o cliente que são realistas, em palavras, não inapropriadas ou fantasiosas, e genuínas (Shorter-Gooden & Jackson, 2000, p. 26).

Em meu próprio trabalho com pacientes, há espaço para um "relacionamento real" que inclui um realismo abrangente de tudo o que se apresenta. A experiência de sinais somáticos, desconfortos no corpo, fantasias, o que parece inadequado para o ego, imagens, todos se tornam aspectos necessários do trabalho psicológico que está sendo feito. Isso permite que o paciente tenha uma experiência imaginativa que não está ligada ao ego e lide diretamente com material inconsciente que pode entrar no campo fenomenológico.

Grande parte do trabalho baseia-se em permitir que muitos tipos diferentes de realidades entrem. Uma dessas realidades também aponta para o motivo pelo qual me tornei analista. Como meus próprios complexos racial e cultural me incentivaram e apoiaram com influências arquetípicas para trabalhar dentro do espaço psíquico? Como isso é um fator?

M.J. Maher (2012), em seu livro *Racism and cultural diversity*, diz que, em seu trabalho como clínica de grupos, achou necessário permitir que as diferenças étnicas permanecessem enquanto aceitava as diferenças egóicas que poderiam estar presentes mesmo entre clínicos negros. Maher diz:

É importante que o indivíduo, se possível, seja permitido trabalhar no seu próprio ritmo de integração. Portanto, a decisão de falar sobre questões raciais deve ser guiada pela prontidão do indivíduo e do grupo, mas, às vezes, essa decisão é retirada por processos inconscientes como a transferência e contratransferência evocadas no aqui e agora. O objetivo precisa ser entendido porque está acontecendo naquele momento específico. Por exemplo, se entro em uma sala cheia de mulheres brancas, posso imediatamente perceber que somos todas mulheres (inclusão, defesa contra estar sozinha) ou posso perceber que sou a única pessoa negra (exclusão, defesa contra estar envolvida, medo de perder minha identidade, querendo me sentir especial). O trabalho está em tentar entender por que reagimos de uma maneira e não de outra naquele momento específico, porque isso nos daria uma compreensão dos medos ou sentimentos que influenciam nossa reação (p. 143).

A contratransferência cultural, segundo as autoras Shorter-Gooden e Jackson (2000), inclui "as reações emocionais do terapeuta para com o cliente, baseadas na raça, etnia, religião, gênero, idade, classe social ou similar" (p. 24). Esses certamente são elementos que entram na consciência do cliente. Enquanto me sento com os clientes, também estou tentando estar ciente de todo o material inconsciente que está entrando em campo. Esse material esperançosamente encontra seu caminho na consciência do ego, pois posso experimentá-lo como uma parte muito importante da contratransferência.

Questões que surgem no trabalho clínico relacionadas à minha contratransferência exigem uma inspeção cuidadosa de minha parte. Ao longo dos anos, descobri que é muito importante notar meus sonhos quando trabalho com pacientes sobre questões onde sinto tensão no trabalho – quando sinto que algo está fora de lugar. Isso é bom notar no trabalho e ajuda a fornecer talvez uma nova direção necessária. Com o tempo, passei a depender dos sonhos para me ajudar a apontar a direção "certa" quando a psique indica que é hora de seguir. Confio nos sonhos porque, devido à sua conexão com o inconsciente, são capazes de me orientar sempre em conjunto com o trabalho do ego. Não posso confiar apenas no meu ego ao fazer o trabalho. A contratransferência dentro do trabalho clínico, portanto, inclui trabalho com sonhos, intenções somáticas, o "relacionamento real", emoções e muito mais. Nada é excluído na minha abertura de percepção quanto ao que estou disposta a permitir em minha consciência. Essa é minha intenção para tudo o que acontece na transferência, bem como na contratransferência.

Acredito que leva tempo para aprender a confiar no que pode ou não aparecer no campo como parte da transferência. No caso de uma transferência cultural, o que ouço com mais frequência dos terapeutas brancos que trabalham com clientes negros é que têm medo de "dizer algo errado". Não tenho certeza se há um "algo errado". As questões discutidas entre mim e pacientes africanos que vieram de terapeutas brancos é que há uma experiência de desconforto (no campo, no corpo), que significa não ser realmente visto ou ouvido pelos terapeutas brancos. Se o clínico não pode abordar uma questão relacionada etnicamente com o cliente, então o cliente se sentirá invisível. Acredito que isso se refira diretamente a uma questão cultural experimentada pelo povo africano em um coletivo que historicamente os tornou invisíveis, exceto para serem serviçais.

Os clientes africanos trazem consigo um passado histórico que inclui não apenas as questões típicas de insatisfação que os levam à terapia, mas também as questões raciais coletivas que continuamente se acrescentam ao seu trauma. Eu não acredito que possamos fornecer psicoterapia para clientes africanos sem reconhecer os efeitos do Holocausto Africano. Acredito que isso faça parte do relacionamento real que deve ocorrer em algum momento com o cliente. Eles geralmente trarão isso como parte do trabalho devido ao problema do racismo insidioso que experimentamos em nossas vidas hoje. Esse racismo é persistente, não cede e, como parte do complexo racial que representa em um nível inconsciente, sempre retorna. Jung diz que esse retorno pode ser mais forte do que quando originalmente experimentado. Portanto, os clientes negros estarão engajados no trabalho clínico muitas vezes com ideias expressas ou não expressas/não identificadas que têm a ver com seus complexos raciais. Na maioria das vezes, é essencial trabalhar com esses pacientes ajudando-os a identificar seus complexos raciais e culturais para que possam aprender a se libertar de sentimentos de culpa, depressão e raiva.

Não estou dizendo que esses estados de atenção são ruins ou indignos de serem experimentados. Estou propondo que a consciência cultural do motivo pelo qual um complexo de culpa específico está sendo ativado deve ser reconhecida. Por exemplo, a mãe que está cansada de trabalhar em dois empregos, com o apoio de sua própria mãe que a ajuda, pode sentir culpa por não passar tempo suficiente com seus filhos. É natural que a estrutura ampliada das famílias negras permita que a avó se torne a cuidadora principal. Isso ainda não alivia os sentimentos de culpa da mãe.

No trabalho clínico, descobri que esses sentimentos de culpa, ligados a esse complexo em mulheres africanas, podem

168

ser quase arquetípicos. Elas se tornam insistentes em trabalhar mais, nunca tirar folgas e sentir toda a ansiedade intensa de se sobrecarregar. Acredito que isso faça parte do nosso trauma cultural que guarda a memória coletiva de pertencer a outro lugar onde "os cansados não tinham descanso". Essas podem ser mulheres africanas que se esforçam mesmo depois de alcançar sucesso material. Há uma incapacidade de aproveitar o que conquistaram. Há uma incapacidade de sentir emocionalmente o empoderamento ou a alegria do merecimento devido às conquistas.

O que nos impede de reivindicar o que legitimamente nos pertence após a luta? Será que temos medo de que isso nos seja tirado de alguma forma – medo de que não possamos possuir nada? Nada pode nos pertencer? Será que isso faz parte do complexo racial, como a jovem afro-americana falou em Antioch? Será que essa é uma questão-chave de como "sobrevivemos" em um nível inconsciente – não pegando o que conquistamos, não reconhecendo nosso privilégio, não aceitando todo o sofrimento cultural histórico e vendo como merecemos toda a bondade que vem em nosso caminho?

Certamente isso não é tudo o que somos, mas acredito que seja um aspecto de nosso eu cultural inconsciente. No complexo racial cultural dentro do contexto apenas de um modelo psicológico eurocêntrico, as pessoas africanas podem se encontrar, no meio de si mesmas, como um grupo de pessoas negras que se desenvolveram a partir da experiência negra americana. Mesmo quando podemos esquecer isso por um momento, acredito que algo dentro de nós nos acorda e fornece orientação no reconhecimento de um Si-mesmo que pode identificar verdadeiro valor interno.

White e Parham (1990), em *The psychology of Blacks*, afirmam:

> Os resquícios da tradição africana dentro da cultura negra foram transmitidos de geração em geração pela tradição oral, operando com instituições comunitárias informais e formais como a igreja negra, redes de família ampliada, ordens fraternas, clubes de mulheres e sociedades de esquina (p. 18).

Como esses séculos de vínculo reflexivo dentro de nosso grupo cultural podem ser mais bem valorizados, respeitados e utilizados no trabalho clínico da transferência cultural?

10
Emergência da queixa ao luto

As artes literárias

Jornada como imigrante – jornada como escravizado

A transição da queixa* para luto é uma jornada; uma jornada que tem muitas possibilidades de fracasso, assim como de sucesso. Até mesmo os objetivos da jornada podem mudar. As pessoas e os grupos coletivos que encontramos ao longo dessa jornada podem se tornar nossos aliados mais fortes, assim como nossos inimigos mais odiados. Durante o percurso, trazemos conosco tudo o que pertence à nossa cultura. Essa cultura inclui nossa linguagem, música, dança, religião e nossas palavras – nossa língua. Essa língua, é claro, inclui nossos poemas, as tradições poético-mitológicas que nos fizeram sobreviver, amar e ter grande esperança diante do grande desespero.

Agora, damos o primeiro passo no caminho da viagem, da imigração. O movimento de um lugar para outro com a esperança de uma mudança positiva. Mudando uma vida, mudando muitas vidas e todas as gerações futuras que vi-

---

* O termo *"grievance"* foi traduzido neste texto como duas palavras distintas – "denúncia" quando o trecho denota ação e "queixa" quando o contexto é de sofrimento passivo [N.T.].

rão. A jornada da diáspora africana será discutida não como imigração – porque não foi, mas como escravização forçada. Hoje, mais de 2 mil de nossos filhos negros estão separados de seus pais devido a políticas de imigração racistas. Hoje, nossos filhos negros estão sentados e dormindo em gaiolas. Hoje, nossos filhos negros estão chorando por suas mães e seus pais.

Jung escreve sobre a emergência como um possível lugar de oposição. Eu acredito que possa ser esse lugar onde estamos determinados e comprometidos a nos opor ao que é contra nossos valores, nossa moralidade e nossa integridade. O surgimento do pensamento e das escrituras literárias e culturais afro-americanas ocorreu e cresceu a partir das sementes da oposição espalhadas pela Terra desde os primeiros dias da escravização americana. Minha própria escrita segue a tradição de outros antes de mim que escrevem não apenas em oposição, mas também em denúncia.

Quando comecei a preparar este capítulo, esperava passar um bom tempo falando sobre o surgimento da queixa e do luto, sem focar muito no lado político. Acho que ainda posso evocar esses dois estados de atenção, mas é mais difícil do que imaginei, porque o peso da queixa é mais pesado agora devido aos eventos recentes – ataques aos direitos das nossas mulheres, direitos civis e liberdades pessoais dos cidadãos.

A denúncia quer ter uma voz mais alta do que o luto, pois a frustração de uma raiva arquetípica acredito ter mais uma vez se irrompido. Acho que a dor de ver crianças capturadas e tiradas de seus pais faz nosso sangue ferver. A jornada da queixa ao luto é sangrenta. Como americanos, nos envolvemos no derramamento de sangue de muitos ancestrais. Minha própria linha ancestral começou na costa oeste da África e, de lá, nos blocos de leilão de escravizados em Charleston, Carolina do Sul. Não posso saber quantos dos meus ancestrais sangraram até a morte na jornada da Passagem do Meio, experimentaram o sangue quente da febre ou quantos morreram nas plantações de arroz da Carolina do Sul. Derramando seu sangue sob o chicote. Essa escravização nas plantações durou mais de um século.

Jung, ao escrever sobre a emergência, reconhece que muitas vezes estamos olhando para trás, sobre nossos ombros, enquanto lutamos para dar à luz a algo, para que isso emerja nos tempos contemporâneos. A jornada da queixa ao luto é uma história de trauma psicológico e retrata a luta para dar à luz a transformação da escravização para a liberdade. Para aqueles de descendência africana, essa história ainda não foi contada em sua plenitude. Estamos nos estágios iniciais de contar a história da escravização americana. Essa é uma narrativa emergente que se une ao seu próprio reflexo histórico em nossas vidas do século XXI. É ecoada nas vozes das pessoas negras– famílias que mais uma vez suportam o trauma cultural da separação de seus parentes contra um movimento que é puramente uma expressão de racismo. Pessoas não brancas da América Central e do Sul se aproximam de nossas fronteiras na esperança de mudança, de liberdade. Elas são recebidas na fronteira com racismo. Suas famílias foram separadas e elas foram aprisionadas e enjauladas.

Os americanos estão vendo a emergência da face do complexo cultural coletivo do racismo que não se mostrou de forma tão ampla e contundente desde a reação às marchas de protesto do Dr. Martin Luther King, as quais começaram no final da década de 1950. Isso é quem éramos. Isso é quem somos – como americanos e como testemunhas coletivas.

Quando Carl Jung retornou à América em 1937 para as Palestras Terry em Yale, o Estudo Tuskegee estava em andamento há cinco anos. Em 1930, Jung escreveu um artigo que foi inicialmente intitulado *O comportamento negroide e indígena*, com uma posterior mudança de título para *As complicações da psicologia americana* quando publicado como parte da Obra Completa (10/3).

Nesse artigo, Jung detalha suas opiniões sobre os afro-americanos e sua relação com os americanos brancos, observando todas as possibilidades negativas para os brancos devido às influências "primitivas" dos afro-americanos:

> O branco é um problema terrível para o negro e quando você afeta alguém profundamente então alguma coisa dele volta, de maneira misteriosa, para você. Por sua simples presença, o negro exerce influência sobre o temperamento e o instinto de imitação. Isto não pode passar despercebido ao europeu, da mesma forma como percebe o intransponível fosso entre o negro americano e o negro africano. O contágio racial é um problema intelectual e moral muito sério onde o primitivo supera o homem branco. Na América este problema é apenas relativo porque os brancos superam em número as pessoas de cor. Aparentemente conseguem assimilar a influência primitiva com pouco risco para si mesmo (OC 10/3, § 966).

Na citação a seguir de Jung, é importante notar a falta de reconhecimento do afro-americano como americano:

> Assim como o homem de cor vive nas cidades de vocês e mesmo dentro das casas de vocês, também vive debaixo da pele de vocês, subconscientemente. Isto naturalmente atua nos dois sentidos. Assim como todo judeu tem um complexo de Cristo, o negro tem um complexo de branco e todo americano tem um complexo de negro. Via de regra, o homem de cor daria tudo para mudar sua pele; e o branco odeia admitir que foi atingido pelo negro (OC 10/3, § 963).

A citação acima também contém o que pode ser uma verdade observada por ele ao apontar os complexos raciais que parecem evidentes em ambas as raças. A psicologia junguiana tem sido negligente em explorar a relevância importante desses complexos raciais, embora sua existência fosse aparente para Jung há décadas. Quais são as nuances dos complexos raciais?

É interessante notar que todos os outros complexos podem ser explorados e ampliados pelos junguianos americanos, com exceção do complexo racial mencionado pela primeira vez por Jung. Por que essa relutância em se aprofundar nesse complexo específico? Em minha própria experiência, o complexo racial foi completamente evitado durante o treinamento para me tornar uma analista junguiana.

Isso pode parecer como se tivéssemos desviado do nosso caminho ao falar de queixa para luto e talvez tenhamos, porque somos aqueles que habitam o subterrâneo da psique. Sabemos que não há lugar aonde não possamos ir. Entendemos que as sombras que podem dominar nossos estados de ego desperto devem receber alguma luz de consciência. Esse é o caminho junguiano. Esse caminho também nos obriga a lançar luz sobre o que nos mantém cativos, enjaulados, sobre aquilo que age contra uma melhor compreensão de como tratar e amar nossos irmãos – aqueles de diferentes etnias.

Acredito que estamos em um movimento constante, viajando entre, acima, abaixo, ao redor e dentro da queixa e do luto. Quando pensei pela primeira vez nos detalhes do que poderia escrever aqui, vi a jornada se movendo em uma direção da queixa para o luto, mas, ao começar a considerá-la, vi que era um vai e vem. Era multidirecional. Contém todas as lembranças de viagens anteriores. Contém todo o luto arquetípico dos ancestrais. Os medos, a angústia e, claro, o sangue. O sangue derramado dos meus ancestrais me chama e fala de queixa, assim como de luto.

Como viajantes da psicologia profunda, temos grande respeito por nossos ancestrais e suas histórias. Amamos nossas mitologias. Como junguianos americanos, estamos agora mais engajados do que nunca na busca de uma luz que possa explorar a sombra escurecida da psicologia profunda, que incluiu o racismo em sua existência dentro das teorias da psicologia americana. Isso se mostrou mais flagrantemente no estudo e prática inicial do trabalho com sonhos junguiano, nos quais toda imagem de uma pessoa negra representava um símbolo do que era negativo, indesejável e o pior do ego.

Esse foi o ponto no qual, como Hillman afirmou, o sociológico substituiu o psicológico. Esse foi o lugar da escuridão psicológica, o submundo no qual a psicologia junguiana americana viveu por muitas décadas sem uma voz clamando por mudança, sem luz para ver aqueles de descendência africana como mais do que projeções sombrias de um Outro branco.

Na América, desde que apropriamos a cor preta para a identificação da cor da pele, também apropriamos todas as ideias negativas conscientes e inconscientes relacionadas a essa cor e formamos uma base sociológica para projetar o negativo sobre aqueles de linhagem africana. Hillman nos alerta em seu artigo, "Haiti or the color black", que não devemos confundir o sociológico com o psicológico. Que nossas opiniões e crenças raciais em relação ao preto arquetípico do *nigredo* não pertencem ao indivíduo ou a grupos africanos sobre os quais são projetados e sobrecarregados por projeções sociológicas negativas pertencentes à sombra de quem projeta.

Nossa pele nos define e nos separa ou nos reúne como nossos povos ancestrais. Mesmo aqueles que são de etnias mistas, na maioria das vezes, não conseguiram evitar o assombramento dos complexos raciais em um nível pessoal, cultural e coletivo americano.

As vozes daqueles que protestaram contra a subserviência política e social da pele negra à pele branca vieram primeiro da Europa. A história do movimento abolicionista começou no continente europeu em 1315, quando o então rei da França, Luís X, aboliu a escravização. O rei da Espanha, Carlos I, também declarou o fim da escravização em 1542; no entanto, essa lei nunca foi aprovada em todos os estados coloniais. Criar leis a tal distância da Europa para as colônias quase garantiu que a conformidade seria um problema – muito antes da Guerra Revolucionária Americana.

O início oficial do movimento abolicionista que teve o efeito mais influente sobre as pessoas africanas colonizadas ocorreu na Inglaterra no final do século XVIII, quando os Quakers britânicos e posteriormente americanos se interessaram e se envolveram na questão da moralidade relacionada à realidade da escravização. Em 1772, um caso legal, intitulado Caso Somersett, envolveu a libertação de um escravizado fugitivo com base na lei comum inglesa, a qual afirmava que a escravização era proibida e, portanto, ninguém poderia ser mantido como escravizado. Esse caso estabeleceu o precedente para ingleses como Granville Sharpe e William Wilberforce. A escravização foi oficialmente abolida em todos os estados do norte dos Estados Unidos em 1804. O comércio internacional de escravos foi abolido em 1807 pelos Estados Unidos e pela Grã-Bretanha – a Lei britânica de Abolição da

Escravatura de 1833 aboliu a escravização em todo o Império Britânico. Esse é o contexto legal das primeiras tentativas europeias de acabar com a escravização das pessoas africanas.

A base desse movimento foi o Iluminismo, com seu foco na lei natural – a ideia de que os seres humanos não necessitavam de intervenção divina para tomar as melhores decisões em relação a injustiças, vida social e liberdade. A natureza poderia ser compreendida sem a assistência de Deus. A escravização havia sido previamente justificada pela proposição de que Deus queria e desejava que alguns fossem escravizados; essa ideia foi questionada à medida que o movimento pela abolição da escravização se fortalecia nos anos anteriores à Revolução Americana. Com a chegada da Revolução Americana, baseada política e filosoficamente nos princípios do Iluminismo, a ideia da escravização como desatualizada e prejudicial à psique política americana foi adotada por Thomas Jefferson. Estamos percebendo a ironia aqui, certo? A lei natural sob o Iluminismo também acreditava na proteção da propriedade privada. Thomas Jefferson nunca libertou seus escravizados, que deram à luz seis de seus filhos.

O Outro: Emergência da sombra literária

Gwendolyn Brooks, Nikki Giovanni e Sonia Sanchez foram poetas do Movimento das Artes Negras que abrangeu a década de 1960 até o início dos anos 1970. Esse movimento artístico se desenvolveu a partir do Movimento do Poder Negro dos anos 1960, quando o ativismo político ganhou força sob a orientação do poder dos Panteras Negras, organizações de direitos estudantis e desobediência civil de cidadãos comuns. As sementes lançadas no campo da consciência criaram raízes e se espalharam do final dos anos 1950 para uma nova geração que atingia a maioridade na nova década dos anos 1960.

À medida que os afro-americanos enfrentavam os desafios contínuos da negação dos direitos de voto, das instalações públicas segregadas, do estupro de mulheres negras e do assassinato de homens negros – tudo o que a segregação racial Jim Crow podia oferecer – a rebelião começou novamente nas cidades americanas. LeRoi Jones, o poeta que mais tarde se tornaria conhecido como Amiri Baraka, foi creditado com a fundação do Movimento das Artes Negras e disse: "Queremos um poema negro. E um mundo negro. Que o mundo seja um poema negro". Eu amo essas palavras, pois dizem tudo sobre a energia e a consciência cultural que abriram um mundo literário que era implacável em sua recusa em permitir a admissão de literatura negra, certamente não de poesia negra. O Movimento do Renascimento do Harlem, que incluía poetas como Langston Hughes, encontrou algum favor, mas apenas em um estreito fluxo de vozes criativas. Estava lutando para ganhar vida nos dias audaciosamente vivos de Jim Crow. As décadas entre o Renascimento do Harlem e o Movimento das Artes Negras viram a emergência de Richard Wright, Zora Neale Hurston e outros escritores que deixariam sua marca na literatura negra. O Movimento das Artes Negras emergiu por causa daqueles do Renascimento do Harlem que construíram uma ponte de excelência literária sobre a qual se cruzar.

A poderosa força do Movimento das Artes Negras deve ser considerada através da lente cultural da opressão da qual emergiu. Essa lente teve sua preparação dentro do contexto da língua negra sendo considerada em uma hierarquia linguística como desacreditada. A luta contra a segregação e o empoderamento das pessoas africanas incluiu a reivindicação das estruturas linguísticas africanas. Começamos a dizer: "Sou negro e me orgulho", com o reconhecimento da herança linguísticas de nossos ancestrais.

Escritores negros americanos começaram a identificar e reivindicar nossas raízes linguísticas que corriam profundamente no solo das línguas baseadas na África Ocidental. Todas as histórias de como os afro-americanos falavam *gibberish* e não tinham inteligência com base em nossos padrões naturais de fala foram agora identificadas como mais uma maneira de desacreditar o povo africano. A força de reivindicar o Ebonics como parte de nossa herança linguística foi uma grande influência ao se reivindicar uma voz negra para a poesia. Quando Baraka disse: "Que o mundo seja um poema negro", suas palavras reivindicaram e deram poder a todos nós que viemos da linhagem dos griôs africanos, os contadores de histórias que contaram e trouxeram nossas histórias através do Atlântico nos navios negreiros. Nós, mais uma vez, podíamos nos ver além das barreiras do racismo, em um passado ancestral que não via limites, mesmo tendo chegado às costas da América acorrentados.

Em *Injala: Sonia Sanchez and the African poetic tradition*, a autora, Joyce Ann Joyce, (1996) diz:

> Todo período literário tem seus autores cujas obras desafiam uma categorização fácil e não ambivalente. As obras dos escritores negros americanos geralmente estão no coração dessa regra. Muitas das críticas iniciais em torno da poesia negra que começou a florescer durante os anos sessenta mostram como a crítica literária tende a julgar o mérito de um novo trabalho ou gênero inovador usando antigas noções preconcebidas que fixam a obra no pântano da tradição (p. 61).

Avançando um pouco mais na discussão de um ensaio intitulado "The new poetry of black hate", Joyce (1996) afirma que esse ensaio "exemplifica os equívocos e mal-entendidos que envolvem a poesia negra dos anos 1960" (p. 61). Arthur Davis (1970), escritor do ensaio, diz ao falar da poesia negra: "A novidade, exceto pela motivação do ódio, é tão significativa quanto a mudança de um cabelo 'esticado' para um 'black power'" (p. 390, como citado em Joyce, 1996, p. 61). A poesia negra foi ridicularizada por sua linguagem e por sua relação com a transformação cultural e política que estava ocorrendo, sendo, portanto, descartada.

No entanto, incentivadas pela popularidade da escrita publicada de Gwendolyn Brooks, a primeira mulher afro-americana a ganhar um Prêmio Pulitzer em 1950, as obras de escritoras negras começaram a atrair um público mais amplo. Foi por meio da distribuição desses escritos que as mulheres negras começaram a ganhar popularidade e respeito no campo das artes. Isso ainda não ocorreu no campo das artes visuais. Existem algumas exceções – Kara Walker conseguiu destaque no seguimento. Nenhum artista visual afro-americano alcançou o nível de sucesso alcançado pelos escritores negros. Isso é destacado pelo fato de que levou mais 32 anos para Alice Walker ganhar o Pulitzer por *Color purple* em 1982. Toni Morrison ganhou o Pulitzer por seu livro de ficção *Beloved* em 1988. O Movimento das Artes Negras e a voz da poesia abriram uma porta literária para possibilitar o surgimento das obras de Alice Walker – sendo ela própria uma poeta – e de Toni Morrison. Ambas estabeleceram suas próprias carreiras de escritoras escrevendo sobre a experiência africana de sobrevivência na América. Seus escritos são de oposição e mostram o surgimento de ideias e personagens que falam da necessidade de se opor a uma estrutura social que incorporou o racismo em todas as suas formas. Ao traçar a linhagem literária da poeta Brooks: "Este é um poema de luto – a dor pessoal de uma mãe, uma mulher que perdeu seus filhos por decisões pessoais". Nosso luto como mulheres africanas certamente inclui a perda de nossos filhos. Perdemo-los porque não podíamos controlar seus destinos devido à escravização, e por serem propriedade dos donos de escravizados. Perdemos nossos filhos porque não podíamos protegê-los dos estragos do Jim Crow e dos linchamentos. Perdemos nossos filhos porque não conseguíamos encarar trazê-los ao mundo. Gwendolyn Brooks fala sobre isso em seu poema *The mother*.

Nikki Giovanni nasceu em 1943. Seu poema *Mother's habits* é retirado de seu livro *The women and the men*. É outro poema de luto e fala sobre a tristeza do que herdamos. Em meu próprio escrito sobre mulheres afro-americanas – *Archetypal grief: Slavery's legacy of intergenerational child loss* (2018) – abordo a dor emocional da perda intergeracional das mães. Acredito que isso seja um aspecto do luto arquetípico – o sofrimento que experimentamos como parte do trauma cultural do efeito da escravização em nosso grupo. Penso que esse tipo de sofrimento é transmitido de mãe para filha, para mãe para filha. Uma transferência interminável de dor emocional – uma perda intergeracional de mãe e filho.

Como grupo cultural, estamos tendo cada vez mais conversas sobre o que nossas mães não puderam nos dar. O poema de Nikki Giovanni olha de forma difícil e dura para o sentimento de se adquirir o hábito materno. Um hábito que não fala de amor, mas de falta de cuidado e carinho.

Por mais doloroso que possa ser, essa é a voz do poeta que ouço falar tanto de queixa quanto de luto. Penso nas mulheres negras que só podiam realmente dedicar tempo ao cuidado de crianças brancas. Essas babás e mulheres Jemima foram forçadas a dar o melhor de si às crianças brancas. Nas fotos históricas, vemo-las segurando crianças brancas. Raramente vi uma imagem de uma mulher negra segurando seu filho negro durante a escravização, exceto no bloco de leilão.

Em sua discussão sobre Sonia Sanchez, a autora Joyce Ann Joyce (1996) diz: "Embora Sanchez cite Alexander Pushkin e Federico Garcia Lorca como influências em sua poesia inicial [...] a influência da tradição africana emerge como a mais sustentada" (p. 14). Sonia Sanchez escreve poemas desde os primeiros dias do Movimento das Artes Negras. Ao descrever o propósito de seu trabalho, ela diz que "[...] a poesia é uma conversa subconsciente, é tanto o trabalho daqueles que a entendem quanto daqueles que a fazem" (como citado em Joyce, 1996, p. 17). Nos dias atuais, Sanchez continua seu trabalho como poeta e professora. Ela recebeu a Medalha Robert Frost, bem como numerosos outros prêmios que falam de seu poder tanto como influência política quanto criativa. A longevidade de sua voz para influenciar gerações de poetas abrange décadas. Em 1985, Sanchez recebeu uma premiação (*American book Award*) por seu livro *Homegirls and handgrenades*.

Nikki Giovanni, uma terceira poeta popular do Movimento das Artes Negras, nasceu em 1943 em Knoxville, Tennessee. No texto *Black sister: Poetry by black American women, 1746-1980*, a autora, Erlene Stetson (1981), diz:

Poetas negras abordaram duas questões: Como afirmamos e mantemos nossas identidades em um mundo que prefere acreditar que não existimos? Como equilibramos e contemos nossa raiva para que possamos expressar tanto nosso calor e amor quanto nossa raiva e dor? (p. xvii).

Acredito que essas questões enfrentadas por essas poetas são as questões enfrentadas por muitas, senão todas as mulheres e homens negros. Nossas vidas são definidas pelo que somos e pelo que os outros pensam que somos. O rosto autêntico por trás das máscaras de persona que vestimos pode ser revelado no trabalho criativo que trazemos ao mundo. Poetas como Nikki Giovanni, assim como as outras mulheres poetas de sua época, que ganharam sucesso por meio de sua escrita, revelaram não apenas o rosto cultural dos afro-americanos, mas também as identidades pessoais que talvez pudessem ser mais bem reveladas em sua poesia.

O poema *Mother's Habit's*, de Nikki Giovanni, lembra-me da perda de minha própria mãe. Mais uma vez, é um poema que fala de luto. Ao escrever sobre o luto e antecipar a perda da mãe, recordo as histórias de minha mãe como uma mulher que suportou seu sofrimento de maneira silenciosa, que não permitiu muito espaço para empatia. Nikki Giovanni chama isso de cuidado.

Os afro-americanos têm uma história literária que remonta aos movimentos de artistas escritores negros do século XX. Quero compartilhar com vocês uma voz de nosso passado africano. É uma história de nossos primórdios. Quatrocentos anos é um período muito longo. Há muitas vozes que não são reconhecidas porque todas elas não puderam se encaixar nos livros de história. Houve mais de 12 milhões que cruzaram o

Atlântico, dos quais se estima que 10 milhões sobreviveram para se tornar escravizados nas Américas e nas ilhas do Caribe. Cada um tinha uma história. Suas vozes fazem parte da luta que vivemos hoje. Esta é a voz de uma pessoa que nasceu na escravização, uma jovem chamada Mary Prince, retirada do livro *Six women's slave narratives* (1988).

Compartilho o momento no qual ela descobre que será vendida aos 11 anos, retirada de seus pais e da família branca com a qual vivera desde o nascimento:

> A manhã escura finalmente chegou. [...] Logo fui cercada por homens estranhos, que me examinaram e manusearam da mesma maneira que um açougueiro faria com um bezerro ou um cordeiro que estava prestes a comprar, e que falavam [...] – como se eu não pudesse entender mais do que os animais mudos [...] (p. 3-4).

O si-mesmo emergente e a luta do ego

E quanto à minha individuação como poeta, escritora, como criadora? Como encaixar minhas ambições do ego no contexto de estar em um grupo cultural que experimentou a queixa e um luto profundo? E quanto ao meu coletivo cultural? Nós sofremos, e mais uma vez começamos a sentir as queixas. Parece que as sentimos repetidamente porque o racismo sempre parece estar conosco. Se acreditarmos em Jung, os complexos sempre estarão presentes, e isso deve incluir nossos complexos raciais. E quanto ao nosso complexo cultural americano? Enfrentamo-nos em oposição de uma maneira tribal básica – especialmente hoje. Enfrento a mim mesmo em oposição. Quero escrever poemas que falem não apenas de histórias de horror, mas também do luto de deixar ir.

Talvez eu ainda esteja muito próximo da queixa. Talvez não tenha passado tempo suficiente desde que meus primeiros ancestrais estiveram nos blocos de leilão, trabalharam nos campos de plantação da Carolina do Sul. Talvez, eu não complete esta jornada da queixa ao luto nesta vida.

Da queixa ao luto: Da perda à arte

Como escrevemos não apenas a partir da queixa, mas a partir do luto e em direção a ele? Como transformamos nossas perdas em arte, mesmo enquanto, às vezes, lutamos para nos curar?

Em meu trabalho como escritora, passei tempo pesquisando a história da escravização e os efeitos brutais do sistema de escravização das plantações do Sul. Houve dias, meses, em que tive que me afastar do meu trabalho, da minha escrita, porque era doloroso demais enfrentar as imagens de antepassados – os meus próprios e os da minha diáspora africana. Houve dias em que chorei e não consegui escrever. Será verdade que "A única alternativa para a tortura é a arte", como uma plateia perguntou uma vez em um encontro? Acredito que isso seja um aspecto do surgimento em um campo de transformação no qual a perda é sentida, dolorosamente sentida, e a arte emerge. Se acreditarmos em Jung, então o surgimento também pode ser transformação a serviço da individuação.

Cresci emocionalmente com minhas experiências de escrita ao investigar profundamente a história e o horror da escravização? Não sei. Escrevi, uma vez que a dor aguda da leitura sobre a escravização cessou, um livro sobre o luto arquetípico – o sofrimento emocional intergeracional das mães escravizadas. Gostaria de acreditar que esse livro me mudou.

Que mudou minha consciência de alguma maneira valorosa que talvez eu ainda não entenda. A autora bell hooks diz em sua própria autobiografia, *Remembered rapture* (1999):

> Para engajar uma política de transformação, precisamos renunciar à necessidade de ocupar um espaço de "frieza" intelectual hedonista que abraça de maneira velada antigas noções de objetividade e neutralidade. Certamente eu e meu trabalho frequentemente não somos vistos como suficientemente "frios", precisamente porque há sempre uma insistência em enquadrar ideias políticas e pedir resistência ativa (p. 43).

Esse trabalho de resistência torna a escrita afro-americana viva. Ele ressoa com a identidade necessária, o chamado e a resposta a um eu interior que requer o reconhecimento de muito do que veio antes. Ainda não estou certa de como percorrer todos os caminhos da queixa e do luto. Quero ser capaz de dizer que o movimento é linear. Meu ego deseja isso, mas sei que por dentro também sinto precisar resistir a algumas coisas que ainda não estão certas. E há um certo. Uma maneira certa de tratar os outros, uma maneira certa de respeitar o passado e uma maneira certa de vislumbrar um futuro. Isso pode parecer um espaço carente de humildade, mas aprendi ao longo dos anos que é verdade – se não tomar uma posição, cairei por qualquer coisa. Caí muitas vezes. Agora tento tomar uma posição, mesmo quando falho. Escrevi meu primeiro livro porque ele me chamou. Ele exigiu ser escrito porque era a coisa certa a fazer.

Eu queria escrever sobre o feminino e o *animus* Junguiano. Quando escrevi minha tese, finalizando meu treinamento no Instituto Junguiano para ser analista, escrevi sobre Hina, uma deusa havaiana que representava um feminino maltratado. Ampliei esse mito com um estudo de caso de uma paciente que era uma mulher maltratada. Minha tese de doutorado foi concluída com um estudo de três mulheres afro-americanas sonhadoras. Uma parte importante desses trabalhos foi o meu sentimento de corrigir algo – permitindo que algo novo emergisse, incluindo a sensação de resistência.

Acredito que minha vocação como escritora é tão importante quanto minha vocação para me tornar uma analista junguiana. Ainda me parece estranho e provavelmente sempre será, porque não foi apenas o ego que tomou a decisão de escrever sobre os temas que escolhi e que, mais importante ainda, me escolheram.

Bell hooks (1995) diz:

> As vozes dissidentes e críticas são facilmente cooptadas pelo desejo de serem ouvidas e admiradas, nossas palavras ansiadas e afirmadas. A fama na subcultura pode ser tão sedutora quanto uma distração, assim como falar nos interesses da política cultural dominante. A escrita crítica que permanece na margem, capaz de mudar paradigmas, de se mover em novas direções, subverte essa tendência. Ela exige dos críticos uma lealdade intelectual fundamental a uma abertura radical, ao pensamento livre (p. 44).

Eu diria para mim mesma que isso é resistência – é trabalho de sombra... Alguém, no jantar de ontem à noite, disse que minha escrita é densa. Eu concordei. Mas eu quero escrever romances doces. Não faço ideia de quando isso vai acontecer.

Como escrevemos não a partir da queixa, mas a partir do luto e em direção a ele? Como transformamos nossas perdas em arte, mesmo enquanto às vezes lutamos para nos curar?

Acredito que minha escrita sempre trata de lutar para me curar. Ela me leva a lugares sombrios e a memórias que podem me fazer chorar. Digo isso não para receber empatia, mas apenas porque é uma verdade – minha verdade. Quando escolhi escrever sobre Hina, uma deusa feminina maltratada, foi porque, enquanto crescia, eu conheci mulheres que, em seu silêncio, sofriam abusos. Essa parte da minha vida emergiu no contexto de um mito havaiano. Ela guarda minha queixa assim como meu luto. A escrita daquele manuscrito foi um ato de resistência, assim como de cura. Acredito que a experiência pessoal de escrever, criar, as coisas que nos escolhem, sempre faz parte de nossa cura necessária. Maya Angelou disse isso de forma tão bela ao afirmar: "e ainda assim eu me levanto".

Acredito que essa frase de Angelou presente na obra de Laura McCollough sobre poesia e racismo, vai diretamente ao coração das perguntas e pensamentos que temos sobre o tema. Acho que o poema de Maya Angelou aborda como devemos resistir ao fato de crianças serem colocadas em gaiolas, como devemos resistir ao retorno de leis conservadoras que querem nos levar de volta aos dias em que as mulheres não tinham controle político sobre seus próprios corpos, e os negros não tinham direito de voto. Sofremos para transformar a consciência. Esse é o nosso trabalho como criadores do século XXI, pensadores e aqueles que podem tolerar a escuridão para emergir com algo que possa ser transformador, não apenas para nós mesmos, mas também para nosso coletivo.

11
Cinema americano

Corra!

A imagem sempre teve uma importância particular dentro da fundamentação teórica da psicologia profunda. Murray Stein (2010), em seu capítulo "The populated interior", do livro *Jung's map of the soul*, cita Jung definindo o complexo tonal sobre o tom do sentimento: "É a imagem de uma certa situação psíquica que é fortemente acentuada emocionalmente e é, além disso, incompatível com a atitude habitual da consciência" (p. 48). Ao expandir a definição de Jung, Stein (2010) afirma: "A imagem define a essência da psique [...] O complexo é um objeto interno, e o seu núcleo é uma imagem" (p. 48).

Ao estender e desenvolver o espaço imagético, envolvi-me com um filme e tentei ver como um processo inconsciente, imagens e criatividade se unem como um reflexo de complexos raciais e culturais preto e branco.

O filme é *Corra!*, do diretor Jordan Peele, produzido em 2017. Os principais personagens do filme incluem Chris, um jovem negro, sua namorada branca, Rose, e o melhor amigo do jovem, Rod.

No início do filme, encontramos um homem solitário na rua, indo para uma festa em um local suburbano desconhecido para ele. Falando sozinho, esse homem negro, mais tarde identificado no filme como Dre, diz que se sente como "um peixe fora d'água" na noite nos subúrbios. Ele deixa claro para o público que está fora do lugar. Também é noite – um lugar do inconsciente – ele está perdido no escuro tentando encontrar o local correto da casa a qual está visitando. Ele diz: "Não faça nada estúpido. Você sabe como eles gostam de tratar esses filhos da mãe aqui fora". Dre tem uma paranoia cultural natural de que será maltratado por um Outro branco. Ele está desconfortável no bairro – não é o seu bairro – e ele está preocupado com a sua segurança. Tanto é assim que decide voltar atrás e não procurar mais pela casa.

Na escuridão, um carro para atrás dele e o segue. A música que sai do carro é uma canção que parece ser dos anos 1930 ou 1940. A importância da música é que, mais tarde no filme, podemos ver uma conexão entre ela e o período dos anos 1930.

De repente, Dre é golpeado na cabeça por trás e colocado no porta-malas do carro. Essa música é colocada junto às imagens de Dre caminhando e sendo capturado. À medida que a música do carro que se aproxima fica mais alta, Dre decide sair e não continuar procurando pela casa. Nessa primeira cena de abertura, temos um homem negro que é capturado e roubado. Isso estabelece a narrativa do filme.

Na cena seguinte, vemos árvores altas; da perspectiva do espectador é como se ele estivesse dirigindo e vendo as árvores passarem. A música que acompanha a cena das árvores traz um ritmo africano, diferente da trilha sonora de abertura que era uma vocalização dos anos 1930.

A próxima cena mostra Chris, o personagem principal, em casa se barbeando, com a espuma de barbear branca nítida contra sua pele negra. Sua namorada Rose é mostrada na padaria. Podemos ou não saber que eles estão conectados de alguma forma até que ela apareça na porta dele. Enquanto ele arruma as malas, pergunta a ela se os pais dela, os quais estão planejando visitar, sabem que ele é negro. Ela responde que não. Diz que não são racistas, caso contrário ela não o apresentaria para eles. Essa é a primeira vez que Rose mente para Chris.

Rod liga para Chris enquanto Rose dirige. Ele o avisa que não deveria ir para o campo, para a casa da família de uma namorada branca. Ele se refere à sua própria paranoia. Eu chamaria isso de paranoia cultural. A voz dele indica o perigo possível de confiar muito em sua namorada branca. Mais uma vez, a imagem é da floresta. Chris e Rose estão indo para a casa dos pais de Rose. De repente, o carro bate em um objeto e para. É um cervo do qual eles podem ouvir um grito de morte ao longe. Rose fica parada na estrada enquanto Chris segue o som do cervo. Ele fica emocionado. Rose não sai do lado do carro.

Na cena seguinte, o policial está lá, pede para ver a identificação de Chris. Rose defende Chris dizendo que ele não precisa mostrar sua identificação. Chris entrega ao policial sem protestar. De volta ao carro, Rose diz: "Não vou deixar ninguém mexer com o meu homem". Isso é paradoxal como veremos mais tarde conforme a história se desenvolve.

Ao chegar à casa, os pais cumprimentam Rose e Chris com uma conversa amigável, mostrando fotos de família ao Chris. Uma imagem significativa é notada pelo pai de Rose. Ele mostra uma foto de seu próprio pai, Roman Armitage, o qual perdera a corrida para Jesse Owens nas Olimpíadas de Berlim de 1934.

Chris não consegue dormir depois do jantar e sai para fumar. Já fora discutido no jantar, como recomendação do pai de Rose, que Chris passasse por hipnose para se livrar desse hábito. Sua esposa já havia providenciado o tratamento bem-sucedido para ele. Na volta para dentro de casa, Chris encontra a mãe de Rose que o convida para o seu escritório. Ela começa a fazer perguntas diretas sobre o dia da morte de sua mãe. Chris começa a chorar. Parte da hipnose é o toque com uma colher na xícara de chá. Chris relata que se sente paralisado como no dia em que sua mãe foi atropelada por um carro a caminho de casa.

Inconscientemente, ele sentou-se em frente à televisão assistindo enquanto ela morria lá fora no frio. Com o que a Sra. Armitage chama de "sugestionabilidade aumentada", Chris se vê caindo da cadeira em um espaço negro que se parece com o espaço sideral noturno estrelado. Ao longe, ele pode ver a Sra. Armitage como se estivesse enquadrada por uma tela de televisão. Chris tenta segurar algo enquanto cai. Ele só agarra o espaço vazio. Mais tarde, ele acorda na cama.

No dia seguinte, enquanto o almoço era servido por uma serva negra chamada Georgina, os pais de Rose comentam como a mãe daquela amava tanto a cozinha que eles mantêm a serva como "um pedaço da mãe aqui", na cozinha. Isso é mais uma instância de verdade paradoxal e de mentira no filme, conforme relatado por um personagem.

Mais tarde, quando Chris fala com Rose, diz que conheceu outro servo, Walter, e que ele parecera sentir ciúmes durante uma discussão que tiveram sobre Rose. Ela começa a provocá-lo, e a cena deles eventualmente leva a uma cena sexual.

Alguns convidados começam a chegar para o fim de semana. Rose explica a Chris que não sabia que eles estavam vindo e realmente não queria que eles estivessem lá. Mais tarde, descobrimos que isso também é uma mentira.

Enquanto os convidados se ambientam e começam a falar com Chris, este acha a linguagem daqueles incomumente racial. Ele é questionado sobre seu grip de golfe, Tiger Woods – "vamos ver sua forma". Alguém comenta sobre seu pecado negro, que agora está "na moda" porque "o pêndulo voltou".

Chris então conhece outro convidado, Jim Hudson, um dono cego de galeria de fotografia. Hudson conhece o trabalho de Chris como fotógrafo e diz: "Sou admirador do seu olhar".

Ao deixar Hudson, Chris volta para seu quarto onde encontra seu telefone novamente desconectado. Chris então liga para seu amigo Rod, o qual diz que a hipnose branca o faria latir como um cachorro ou voar; também diz que transformam pessoas negras em escravos sexuais. Rod diz que não quer que entrem na cabeça de Chris como aconteceu com Jefferson Dolmar.

A conexão do telefone cai e Georgina entra no quarto pedindo desculpas a Chris por ter deixado seu telefone desconectado. Ele diz que fica nervoso com muitas pessoas brancas, pois elas sempre os delatam. Georgina começa a chorar silenciosamente enquanto repete a palavra "não". Pode-se ver uma luta interna enquanto ela tenta recuperar o controle entre as lágrimas, o sofrimento óbvio e a palavra que ela continua repetindo. Finalmente, ela recupera a compostura e diz: "Eles confiam em nós como família". Enquanto ela se afasta, Chris determina que ela está "louca".

Voltando para o andar de baixo, claramente desconfortável com referências ao seu corpo feitas pelos outros convidados,

Chris vê um convidado negro chamado Logan, que lhe é apresentado como tal. O toque de mãos de Chris é devolvido como um aperto de mão normal. Chris fica surpreso com a falta de comunicação "fraterna". Poucos minutos depois, Chris fotografa Logan com *flash*, e este vira para Chris com um sangramento no nariz e grita "corra!". O filho de Armitage detém Logan, e, na próxima cena, este pede desculpas por seu comportamento.

Rose decide levar Chris para uma caminhada até o lago, onde Chris diz amar Rose, mas desejar ir embora. Ele conta a ela sobre o sofrimento de ter deixado sua mãe à beira da estrada – ninguém estava procurando por ela. Ele diz que não vai abandonar Rose com a família e que não irá embora sem ela. Ela afirma que irá embora com ele.

Na casa, um silencioso "jogo de bingo" está acontecendo. Os convidados sentados seguram seus cartões de bingo enquanto o anfitrião conta com os dedos. Finalmente, ele chega a uma contagem de vinte, e o jogo de bingo termina.

Ao voltarem para a casa, todos os convidados estão saindo. Chris enviou a Rod a foto que tirou de Logan, o qual diz a Chris que o reconhece como o homem negro que havia desaparecido meses antes, conhecido como Dre. A bateria do telefone acaba, então a ligação cai. Chris fica repentinamente muito agitado e diz a Rose que eles precisam partir imediatamente. Ela desce as escadas, e Chris encontra em um armário aberto uma caixa com várias fotos de outros homens negros, até uma foto de Georgina com Rose.

Enquanto tentam sair, e Rose diz que não consegue encontrar as chaves do carro, outros três membros começam a cercar Chris. Ele luta com o irmão de Rose quando a mãe toca a xícara de chá, e Chris cai no chão em transe hipnótico.

Ele acorda amarrado a uma cadeira no porão da casa. Em sua frente há uma televisão com uma cabeça de veado empalhada acima dela. Ele tenta se libertar, mas não consegue. Quando acorda novamente, vê um vídeo de Roman Armitage, o homem que havia concorrido contra Jesse Owens, explicando sua técnica e o "Coagula". Armitage aconselha Chris a não resistir e diz que um dia ele pode gostar de fazer parte da família.

Rod vai até a delegacia onde tenta explicar que Chris foi sequestrado e sofreu lavagem cerebral. Os policiais riem dele e ignoram sua história. Um dos policiais diz: "Ah, as garotas brancas, elas sempre conquistam vocês".

Chris acorda pela segunda vez e vê Hudson, o dono da galeria, na tela. Ele explica a Chris que o processo pelo qual está passando tem três etapas: hipnose, preparação mental e finalmente a cirurgia de transferência cerebral. Chris se tornará um "passageiro" em um "lugar submerso" e Hudson manterá o controle em termos de controle motor. Chris pergunta: "Por que nós? Por que pessoas negras?". Hudson responde com uma outra pergunta: "Quem sabe... Talvez vocês sejam mais fortes?". Então ele torna a resposta mais pessoal ao dizer que quer os olhos de Chris, as coisas que vê por meio deles.

Chris eventualmente escapa do porão puxando o algodão dos braços da cadeira e o colocando nos ouvidos para bloquear o som da xícara de chá. Foge para o carro depois de matar o pai, o irmão e a mãe de Rose. Ela o persegue, e Chris atropela Georgina enquanto foge. Ele precisa decidir se a salva ou a deixa. Ele decide levá-la para o carro. Quando ela acorda, grita com ele por ter arruinado sua casa. Chris acaba batendo o carro, e Rose aparece com uma espingarda para atirar nele. Walter aparece, pega a arma e diz que vai matar Chris, que, então, usa o *flash* de sua câmera. Walter se vira contra Rose, atira nela e depois em si mesmo. Um carro com luzes piscando aparece, e Rose começa a gritar por ajuda, mas não é a polícia, é Rod. Chris entra no carro. Rod: "Eu te disse para não entrar naquela casa".

O filme tem um final alternativo. No segundo final, são os policiais que chegam e Chris é preso. Na cena final, Chris é visto na prisão voltando para sua cela após uma visita de Rod.

A alternativa

Começando pelo final do filme, consigo entender por que ele teria dois finais possíveis. Penso nisso não apenas no contexto de como a vida cotidiana pode se desdobrar – na verdade, poucas opções são possíveis. Dentro do contexto do filme e da vida do personagem negro, existem duas opções – liberdade ou aprisionamento. Isso parece ser a escolha desde o início do filme. Vejo essa opção quando o primeiro personagem negro, Dre, entra em cena – ele está perdido e sentindo a pressão de estar fora de seu lugar de costume, em um bairro claramente branco. Ele pode deixá-lo e ter sua liberdade retornando a um bairro diferente, ou pode permanecer. Quando ele decide partir, já é tarde demais. O desejo por algo diferente e a disposição para persegui-lo entram em conflito. Dre decide a favor de seu si-mesmo cultural, que imagino ser seguro em relação à área suburbana branca na qual se encontrou.

Dre e Chris, ambos homens negros explorando o território da branquitude, se veem em conflito com esse ambiente. Rod é o homem negro que tem a perspectiva clara, diferente dos outros dois homens, sobre seu lugar na sociedade. Seus avisos baseados em paranoia cultural são ignorados. O complexo racial cultural de todos os três homens é evidenciado por seus comportamentos, mas não sem consequências. De todas as maneiras, é Rod quem se sai melhor – mesmo com sua humilhação na delegacia enquanto riem de sua ideia "absurda" de que seu amigo negro fora levado como escravizado sexual por Rose e sua família. Neste filme contemporâneo, a sombra do tema da escravização paira não apenas sobre a ideia de Chris sendo levado para a escravização (sexual), mas também sobre a cena no bosque reminiscente de uma paisagem sulista, assim como o leilão de bingo.

Corra! é uma jornada visual através de uma lente da escravização contemporânea, fragilidade humana e nossos complexos raciais e culturais. Chris parece ingênuo em sua recusa de confiar em seu amigo Rod. Na relação, ele é a sombra de Chris – o *alter ego* que se recusa a ouvir uma voz interior mais profunda. A voz do Si-mesmo empurra para uma experiência de aprendizado mais profundo – não importa o quão doloroso. O caminho de Chris deve continuar a se desdobrar, e ele deve aprender a suportar o que quer que esteja em seu percurso para encontrá-lo. Descobrimos que sua infância é um aspecto importante que ainda está oculto para ele. Sua sedução sutil pela Sra. Armitage e sua xícara de chá são a possessão materna arquetípica, permitida devido ao trauma da morte de sua mãe. O complexo materno é desencadeado pela culpa de Chris, acreditando que falhara em salvar a vida de sua mãe ou que poderia pelo menos tê-la confortado em sua morte por meio de sua presença à beira da estrada. Ao cair, a imagem é de seu corpo no espaço, que me lembra as constelações celestes. Ele se torna constelado sob a hipnose e perde o controle sobre si mesmo e sua capacidade de retornar à consciência desse estado. Psicologicamente, o complexo materno tomou controle sobre ele e sua luta é inútil. Cada vez que Chris retorna desse estado "constelado" é porque é trazido de volta pela Sra. Armitage, nunca sendo capaz de retornar à consciência por conta própria, até descobrir, por meio do funcionamento do ego, que pegar o algodão do braço da cadeira e colocá-lo nos ouvidos o libertará de ouvir o som da colher de chá na porcelana, o som desencadeador de seu transe.

O símbolo do algodão como um caminho para sua liberdade significa o início de uma reversão na consciência do personagem principal. Ele é capaz de usar o que historicamente foi um símbolo de escravização negra para se libertar da televisão, do veado e do porão. Ele também é capaz de matar o pai branco que o mantém prisioneiro.

Em sua força recém-encontrada — por ingenuidade, ele consegue superar o pai cirurgião e seu filho. Enquanto Chris se move para a área superior da casa, ele encontra a Sra. Armitage, com quem precisa lutar para quebrar sua xícara e seu feitiço sobre ele. Antes da corrida atrás da xícara, Chris percebe que não pode confiar na Sra. Armitage, e vemos hesitação em seu rosto – o conflito de querer confiar na mãe.

Quase por instinto de sobrevivência, ele corre em direção à xícara. No conflito físico que se desenvolve, ele não hesita mais e esfaqueia a Sra. Armitage. Isso é uma expressão da vitória do Si-mesmo em defesa contra uma energia arquetípica feminina destrutiva.

A segunda instância ocorre quando ele tenta fugir da casa, e Georgina acorda depois que Chris a coloca no carro. Na luta, ele não hesita em golpeá-la em sua própria defesa. A evolução de sua consciência em relação ao feminino e ao complexo materno é mostrada na cena em que Rose é baleada. Chris ajoelha ao lado dela, coloca as mãos sobre ela e começa a sufocá-la. Ela sorri como se estivesse dando as boas-vindas a Chris – como se estivesse julgando-o, como se suspeitasse que ele não faria nada menos que isso. Chris para de sufocá-la. A relação de Chris com os complexos relacionados à sua mãe está se transformando. Ele "resgatou" sua mãe (infância) Georgina da estrada, resgatou-se daquela que o teria matado (Sra. Armitage) e não abandonou a si mesmo (Alma) ao sufocar Rose até a morte.

Um tema de alternativas e nossa disposição para engajar com nossas vidas por meio do filme como fazem os sobretons da escravização. Existem alternativas oferecidas pelas escolhas que os personagens devem fazer. Vemos isso primeiro em Dre, que deve decidir entre continuar caminhando na escuridão ameaçadora do subúrbio branco ou retornar ao seu mundo conhecido. Rod adverte Chris para sair antes que entre totalmente no mundo dos Armitages.

Chris teve a escolha de seguir o conselho do amigo ou visitar a família de Rose. Sua identidade está em questão ao escolher ser o namorado negro que se aprofunda no relacionamento com Rose. Ele poderia ter permanecido dentro de seu grupo cultural, mas escolheu o contrário. O filme mostra Chris como um personagem lutando entre estar desperto ou adormecido – inconsciente. Georgina parece lutar especialmente na cena com Chris, quando repete várias vezes "não", mas conclui que eles (ela e os Armitages) são como uma família. A luta que vemos nesse personagem mostra a própria luta de Chris – complexo materno, identidade, segurança.

Dre, como Logan, depois de ser fotografado, tem um sangramento nasal – discriminação do ego, clareza quando ele grita para Chris correr. Há uma escolha e agora Dre, vendo essa escolha, quer avisar Chris. Alternativas paralelas são mostradas pelo mundo submerso *versus* o estado não hipnótico da existência cotidiana que apenas Rod ocupa. Chris parece estar preso entre esses dois mundos, como mostrado pela sedução da Sra. Armitage e seu retorno final à clareza, enquanto fisicamente começa a lutar para sair da casa.

O filme começa com imagens do trabalho de Chris como fotógrafo. Ele escolhe fotografar imagens culturalmente relacionadas que refletem seu si-mesmo espiritual. Um terceiro tema do filme parece ser a visão. Como ela opera nos personagens, no olhar do espectador e como podemos ver o enredo. Hudson, o dono cego da galeria, quer os olhos de Chris.

Quando aparece na tela de televisão no porão, ele detalha para Chris o processo do que vem acontecendo – os passos. É o personagem o qual deseja muito enxergar e que pagara 20 milhões de dólares pelo corpo de Chris que define o processo que levará à obtenção dos olhos de Chris. O filme coloca importância na capacidade de ver, que nós, como público, podemos observar aquilo que é limitado em Chris. Mesmo que ele aparentemente tenha talento e seja conhecido por sua fotografia – descrita como gráfica e brutal – carece de visão em termos de uma sobrevivência psicologicamente saudável. O cervo morre na floresta depois de ser atropelado por seu carro. Sua mãe morre, e ele deixa a segurança de uma figura materna culturalmente relacionada e se volta para uma branca. Isso é uma escolha e vem com riscos mortais. O desafio para o personagem principal é começar a ver com olhos diferentes. Sua visão do mundo submerso é angustiante — ele está em queda livre. Tudo o que vira anteriormente se afastou, e ele não tem nada para se segurar nesse estado de queda.

A polícia aparece em três cenas do filme. Primeiro, no abate do cervo à beira da estrada, depois na delegacia com Rod e, por último, na cena do final alternativo do filme. A tensão que Chris parece sentir quando o policial branco se aproxima do carro contrasta com a audácia das palavras de Rose para o policial. Como mulher branca, ela não precisa temer a polícia. A decisão de Rod de procurar ajuda policial com oficiais negros mostra sua confiança cultural, que é traída. A credibilidade de todos os policiais é obscurecida. Um oficial faz uma demanda rotineiramente racista pedindo o documento de identificação de Chris, mesmo que este não estivesse dirigindo o carro. Os oficiais negros se recusam a levar a sério uma necessidade negra e a pedirem reforços. Ambas as cenas mostram aspectos comportamentais ativados por um complexo racial – negro e branco.

Os temas de *Corra!* abordam diretamente complexos culturais raciais que resultam da escravização e suas consequências. Esse filme explora não apenas o material inconsciente pessoal da mãe, mas também os aspectos associativos da vida. A ambiguidade em relação a uma mãe que abandona por meio da morte é igualmente poderosa para explorar como o filho sobrevivente não encontra lugar suficiente para autonutrição. A parceira escolhida, Rose, na verdade é um reflexo de um auto-ódio interno que busca matá-lo. Ele deve lutar por sua sobrevivência.

A realidade de Chris, como mostrada no filme, na verdade é a realidade vivida por centenas de milhares de homens negros encarcerados. Um final do filme é aquele no qual Rod diz a Chris "Eu te avisei", contrastando com a cena em que Chris precisa olhar nos olhos de Rod durante a visita na prisão e ver seu erro. A constelação, a interrupção alternativa e a visão de uma perspectiva cultural mostram que a lente é sempre colorida por um complexo racial. Esse complexo vive dentro de nós e se manifesta por meio de nossos comportamentos. O filme mostra isso por meio de todos os personagens. Podemos ser seduzidos, hipnotizados pela "riqueza" do branco. Isso pode nos cegar com sua sombra. Dre, na escuridão, encontrou a si mesmo. Foi ele, entre os três personagens "transferidos", que conseguiu "romper" publicamente e ter alguma consciência antes de ser subjugado novamente ao seu estado hipnótico.

As escolhas alternativas de Chris são aquelas que o ego enfrenta na vida diária como homem negro. Não há escapatória do confronto com o privilégio branco que impõe limites – um policial, um proprietário rico que pode te comprar, uma busca sedutora por um romance que, quando projetado, se torna ameaçador para a vida.

Complexos raciais sobrevivem inconscientemente e vivem por meio de nós, seja na imaginação do filme ou dentro de nossas psiques individuais e culturais. Não parece haver uma maneira de realmente nos libertarmos de nossos complexos.

12
O paradoxo da raça e do racismo

A primeira coisa que devemos sempre lembrar é que os seres humanos são uma raça. Somos compostos de diferenças étnicas verdadeiras e também construídas falsamente, o que tem prolongado nosso sofrimento como membros da raça humana. Que somos uma raça não é um pensamento paradoxal, mas direto. Acho que ouvimos tantas vezes sobre diferentes "raças" de pessoas que pensamos imediatamente sobre nossas separações – sobre como não estamos conectados. Ao decidir o título deste livro como *O complexo racial*, lembrei-me de uma conversa de alguns anos atrás com um amigo. Ele falou sobre como, em algumas partes do mundo, é natural pensar nas pessoas como sendo de diferentes "raças". Isso me surpreendeu porque, mesmo na América, com todas as nossas diferenças étnicas, não vejo muitos propondo que somos de raças diferentes – mesmo quando dizemos que alguém é de "outra raça". Talvez isso se deva à nossa sensibilidade renovada em relação a uma variedade de culturas e grupos étnicos. A escolha do título do meu livro, então, tem seu próprio significado paradoxal de ambiguidade, semelhante ao tema do capítulo.

Em minha formação para me tornar uma analista junguiana, o pensamento de Jung foi frequentemente chamado de paradoxal pelos meus instrutores. Às vezes, até contraditório. Nenhum dos analistas-instrutores se incomodava com isso; na verdade, isso parecia deixá-los de bom humor, mais relaxados e abertos para iniciar uma discussão. Eles indicaram que era importante que aprendêssemos e entendêssemos sobre o pensamento paradoxal, pois era uma característica principal do trabalho de Jung e algo que eventualmente faria parte do nosso trabalho clínico com pacientes. Isso provou ser correto, pois a sutileza do paradoxal fluía muito facilmente com o tempo, apoiando os pacientes a entenderem suas vidas e todas as ambiguidades inerentes. Muitas vezes, os paradoxos da vida apareciam como deslealdade para o paciente. O trabalho consistia em ajudá-los a desenvolver um olhar diferente – talvez mais intuitivo ou sensível, para enxergar suas vidas. Dessa forma, poderiam, na maioria das vezes, sentir compaixão por si mesmos e por aqueles que sentiam os ter prejudicado por meio de uma traição.

Jung diz que devemos experimentar o "alargamento da consciência além dos estreitos limites de um intelecto tirânico" (OC 13, § 7). Sua crença era que todas as partes da vida humana devem ser experimentadas, incluindo a consciência, em uma plenitude não ditada principalmente pelo funcionamento intelectual. Precisava haver uma oportunidade para os si-mesmos intuitivos e instintivos também assumirem a liderança enquanto nos engajávamos com nosso ambiente e outros seres humanos. Jung também acreditava que a compreensão do paradoxo era fundamental para estarmos em conexão com nossos si-mesmos espirituais e religiosos. Existem mistérios religiosos que somos chamados a aceitar pela fé. Essa fé geralmente requer a aceitação daquilo que parece paradoxal.

A mistura de paradoxo e fé se move em um padrão de maior tolerância à ambiguidade e mais paciência consigo mesmo. Jung diz que o paradoxo mantém a tensão dos opostos. Crescemos entendendo como a teoria dos opostos, dentro de uma estrutura paradoxal, apoia a criação de tensão em um nível consciente. Os opostos ocorrem dentro do indivíduo e lidam com a pressão psicológica dos conflitos que herdamos como humanos. Esses conflitos podem surgir de maneira tão simples quanto escolher entre dois itens diferentes para o café da manhã ou as penosas dores de tomar decisões sobre o divórcio de um casamento de dez anos. O nível de intensidade varia, mas a qualidade da energia de conhecer o oposto permanece a mesma.

Estamos acostumados a manter a tensão dos opostos dentro de nós em um nível psicológico. Quando não conseguimos fazer isso, buscamos orientação. Quando isso se torna de pouca ou nenhuma utilidade, dependendo da intensidade da pressão interna, podemos explodir, prejudicando a nós mesmos ou aos outros. Eu diria que isso provavelmente ocorre após a constelação de complexos.

> Um complexo resulta da mistura do núcleo arquetípico e da experiência humana, e sentimos de acordo com nossos complexos. Às vezes, experimentamos o conteúdo do complexo apenas em projeção. Considerado dinamicamente, o complexo pode estar em conflito com o que consideramos ser a realidade ou com o que vemos como ideal – de modo que a atividade psíquica é interferida. Estruturalmente, o complexo pode ser estudado em relação ao ego. Pode haver conflito ("duas verdades") ou o ego pode reprimir o complexo ou, inversamente, ser dominado por ele. O complexo pode se dissociar completamente da personalidade, como em um colapso psicótico (Samuels, 1985, p. 48).

O conflito que experimentamos internamente pode então se manifestar em nosso mundo exterior. O sofrimento tanto interno quanto externo é medido por muitos fatores diferentes. Muito tem a ver com a escuridão da sombra em relação ao material que está emergindo e, talvez, com a extensão da repressão interna do material. De forma paradoxal, a tentativa do ego de manter o autoconhecimento psicológico oculto pode durar por um longo período – até a idade adulta. No entanto, a tentativa da psique de equilibrar a consciência exige que aquilo que está na sombra seja revelado, principalmente se a intensidade da energia opositora for muito forte. A luta para manter as coisas ocultas, no escuro, na sombra, torna-se demais para o ego e entra na consciência como um complexo autônomo. A tensão dos opostos pode criar uma compreensão mais profunda da luta pessoal que acabou de ser apresentada para a plena visão do ego.

Quando isso acontece, pode haver uma experiência do que é definido como a função transcendente. O conflito interno se resolve em uma cura, na verdade, devido ao aumento da tensão psíquica. Isso é paradoxal e se mostra no trabalho clínico. A expectativa seria que esse tipo de conflito pudesse permanecer não resolvido para sempre. No entanto, o trabalho psicológico realizado com atenção e foco por parte do terapeuta e do cliente ajuda a aumentar o nível de intensidade das questões psicológicas. Nesse contexto, o oposto (o que busca evitar) é revelado e confrontado por meio da análise. Por meio da revelação, em vez da evitação, alguma paz emocional pode ser sentida pelo paciente. O medo da tensão psíquica elevada e crescente, devido ao trabalho clínico, é, na maioria das vezes, palpável no campo fenomenológico, na transferência e até mesmo nos sonhos do paciente e do analista. O medo em si deve ser descoberto em seu nível mais profundo para que não seja um gatilho causador de neurose e/ou desencadeador de constelações complexas. Para o ego que pode ter passado muitos anos se protegendo e protegendo seu material inconsciente pessoal, as tentativas do trabalho analítico de expor a neurose aparecem em conflito. Isso é parcialmente o motivo pelo qual as defesas do paciente contra o trabalho analítico, que podem ser vistas na transferência e nos sonhos, de repente se tornam muito maiores. É quase como se o paciente estivesse lutando contra o alívio psicológico que veio buscar na terapia.

Quando consideramos a tensão entre grupos culturais, encontramos os opostos em uma escala maior, especialmente quando estamos lidando com racismo ou relações raciais. Ao falar de neurociência e de nossa tendência natural de espelhar o outro, acredito que essa tendência possa ser anulada quando emoções muito intensas estão envolvidas. Isso seria especialmente verdadeiro à medida que os indivíduos envolvidos no encontro emocional aumentam. O número de indivíduos confrontando um grupo desperta o impulso instintivo de proteger seu próprio povo – o grupo cultural.

O tipo de racismo que tem sido nossa herança coletiva americana continua a ter uma qualidade de oposição. Os complexos culturais e raciais que impulsionam essa oposição operam a partir de uma referência paradoxal. Somos etnicamente diferentes e, no entanto, humanamente iguais de mais maneiras do que muitas vezes conseguimos ver. O racismo, conscientemente ensinado por anos de falsidades e alimentado por medos e complexos inconscientes, faz com que falhemos em ver o paradoxo dentro de nossos relacionamentos. Existem regras para o pensamento paradoxal relacionado às relações raciais, bem como para complexos raciais e culturais.

Jung, em seus escritos iniciais, forneceu apenas o mínimo necessário sobre o complexo racial. Ele expressou opiniões negativas sobre as pessoas africanas apenas dentro do contexto desse complexo, sugerindo que elas gostariam de ser brancas. Como Michael Vannoy Adams observou em seu capítulo intitulado "The color complex", do livro *The multicultural imagination: "Race," color and the unconscious*, Jung não foi o primeiro a escrever sobre os afro-americanos e aquilo que o psiquiatra John Lind chamou de complexo de cor. Ao se referir a Lind, autor do artigo "The color complex in the Negro", no primeiro número da *Psychoanalytic Review* (1914), Adams (1996) diz o seguinte:

> No esforço de descrever a psique dos afro-americanos, Lind combina a realização freudiana de desejos, as perturbações junguianas da reação em relação aos complexos inconscientes e a compensação adleriana de inferioridade. Para os afro-americanos, a "realidade" é uma construção social feita pelos americanos brancos. Como Lind diz, os afro-americanos ocupam uma posição socialmente subordinada construída pelos americanos brancos com base em uma distinção "racial", a diferença na cor da pele. O complexo de inferioridade dos afro-americanos é, nesse sentido, um reflexo do *status* inferior. A realidade psíquica dos afro-americanos é, portanto, uma função da realidade social. Os afro-americanos podem simplesmente aceitar essa realidade social, esse *status* inferior, mas muitos não o fazem. Em vez disso, eles a rejeitam. Falham em se adaptar, por assim dizer, e constroem uma realidade psíquica alternativa (em alguns casos, uma realidade delirante, psicótica) na qual, como em um sonho, realizam o desejo de serem brancos – isto é, de serem iguais aos brancos (ou superiores aos negros). O que, em termos freudianos, é uma realização de desejo, é, em termos adlerianos, uma compensação de inferioridade (p. 122-123).

Os primeiros escritos dentro do movimento psicanalítico americano foram de psiquiatras brancos que estudaram pacientes hospitalizados, mentalmente doentes, os quais fantasiavam sobre serem brancos e, assim, possuindo o que ele chamou de uma psicose de "complexo de cor". Essa descrição de complexo racial por Lind foi detalhada mais do que a mera menção de Jung a um complexo entre negros e brancos. No entanto, a ideia principal estava lá: os afro-americanos queriam ser brancos. A adição a essa teoria por parte de Jung foi que os brancos, por terem sido "tocados" pelos negros, agora tinham estes últimos "subconscientemente" sob sua pele branca. Segundo Lind, qualquer semelhança entre afro-americanos e brancos se deve a um "talento para a imitação, que nos lembra em certa medida nossos primos da selva" (Adams, 1996, p. 125).

O paradoxo dos opostos entra em jogo com a teoria de que os negros querem ser brancos. A proposta de que os negros trocariam sua cor de pele requer um pensamento que os empurra para o oposto do que realmente eram em suas vidas verdadeiras. Os estudos "clínicos" realizados por Lind em pacientes afro-americanos hospitalizados, todos afirmando serem brancos ou desejosos de serem brancos, não têm validade ou realidade, já que Lind parece estar preso a um complexo de "superioridade" indicativo de um complexo cultural branco que mostra ódio pelo Outro negro. Isso mostra o pensamento paradoxal de um complexo racial branco cultural em ativação, o qual não enxerga seu próprio material sombrio inconsciente.

Isso não era incomum para o início da psicanálise americana como um campo e sua definição dos afro-americanos. A criação de um Outro negro que foi feito inferior era paradoxal, pois esse Outro não tinha uma existência real. Era uma ilusão inventada como criação de um complexo cultural branco que desenvolve "provas científicas" da "inferioridade" dos negros para fortalecer seu próprio conhecimento científico superior.

As regras do complexo racial – autonomia, repressão, erupção, amnésia e impulsos associativos – são aspectos do paradoxo racial. O complexo cultural branco exibido por meio do racismo e dos caminhos de poder dentro do coletivo americano literalmente deseja que os negros não tenham poder – de qualquer maneira que isso seja possível conhecida pelo nosso coletivo. Ao ter esse desejo reprimido – o que é mais frequentemente agora falado como um aspecto do liberalismo branco, significa que a consciência negra aumenta suas demandas por poder. À medida que a consciência do grupo cultural se torna maior, também aumenta o desenvolvimento da consciência do ego e a busca por maneiras de criar mais sucesso na obtenção de poder. Os momentos comportamentais na história, por exemplo, seriam o aumento do poder de voto que elegeu Barack Obama para a presidência. A reação a essa exibição de poder tem sido consistentemente a tentativa de manipular a participação eleitoral e os direitos políticos dos negros para diminuir seu aumento de poder político nas urnas. No entanto, o aumento do medo da perda de poder do complexo racial cultural branco causa paradoxalmente o aumento da consciência negra.

A paranoia que acompanha as pessoas negras como uma paranoia cultural – talvez parte de seu complexo racial – é paradoxal no sentido de que a necessidade disso é ao mesmo tempo verdadeira e falsa. Os negros devem ser paranoicos porque acredito que isso seja uma característica de viver em uma sociedade racista. Acredito que isso seja verdade e que não tenha desaparecido ao longo dos séculos. Também é uma falsidade que eles possam aceitar cegamente o sonho americano e tudo o que isso supostamente oferece a eles como cidadãos americanos. Assim, sua paranoia se manifesta como desnecessária com base nas esperanças de realizar um sonho americano que é impossível de alcançar devido ao racismo. Os afro-americanos vivem uma existência paradoxal como cidadãos americanos. Isso tem sido considerado desde a sua chegada como escravizados. Essa situação paradoxal também é tocada pelo fato de os negros serem historicamente "posses" econômicas para o melhoramento financeiro dos brancos. Como os afro-americanos podem ser considerados produtores valiosos de seu próprio sucesso econômico quando o coletivo ainda os considera ou "produtores" inferiores ou apenas consumidores para impulsionar o sucesso financeiro dos brancos?

Os brancos que têm paranoia em relação aos negros estão na mesma categoria. Eles temem os negros talvez devido a um complexo de culpa, um complexo de inferioridade presente no material psíquico intergeracional inconsciente que ainda vive em sua psique. Eles têm o direito a esses medos, talvez não realizados, enquanto "mantêm" todo o poder onde não deveria haver nada a temer.

Os afro-americanos aprenderam a viver com o paradoxo porque, de muitas maneiras, a vida americana é um lugar sociologicamente paradoxal em termos de raça. O conforto do grupo de cultura negra é que há uma chance de descansar da cansativa luta para ser "livre" e ainda ter liberdade, para ser financeiramente estável sem ser reconhecido como aquele que é financeiramente capaz de estabilidade – e a lista continua. Isso de certa forma é ser marginalizado – conhecer a própria verdade e, ainda assim, viver a cada momento uma falsidade integrada correspondente. Isso é exaustivo para o ego.

O racismo nos níveis consciente e inconsciente pode causar ativações que tornam alguém paranoico, dissociado e desconfiado de si mesmo, bem como das instituições da sociedade. Isso é profundamente perturbador para indivíduos e para qualquer grupo cultural que ainda lute pela sobrevivência.

13
Curando os traumas cultural e racial

Sabemos que o trauma ocorreu junto à diáspora africana. Afirmo isso claramente porque, mesmo hoje, em nosso coletivo, há aqueles que desejam negar o impacto desse trauma cultural nas pessoas africanas. Não tenho nenhum desejo particular de permanecer focada nesse aspecto da vida africana mais do que o necessário. Como mencionado anteriormente, infelizmente, apenas agora começamos a ter conversas breves sobre esse trauma. Acredito que tenhamos uma oportunidade muito melhor de começar a considerar formas de cura se primeiro pudermos reconhecer nossa dor.

Um dos princípios da psicologia junguiana é que aquilo que nos envenena também pode nos curar. A ideia de que a serpente – símbolo da medicina – detém o remédio e pode restaurar a vida serve para nos lembrar da necessidade de incorporar tanto o veneno quanto a cura. Essa ideia afasta o pensamento de se esquivar do sofrimento necessário que vem com o veneno – o trauma psíquico, físico e mental.

Reconhecendo o complexo racial como um causador de trauma – tanto individual quanto coletivo, pois essa é a natureza do complexo – é possível ver esse trauma como algo que contém o bálsamo para nossa cura comunitária. Entendo que os complexos fazem parte da nossa realidade psíquica. Eles não desaparecem simplesmente por desejarmos que desapareçam. Acredito que este seja nosso primeiro passo para considerar a cura. Nossa ideia sobre cura e como ela se manifesta pode precisar mudar. Não haverá um lugar completo de integridade quando conseguirmos resolver o sofrimento do trauma. Podemos encontrar momentos de paz e alívio.

A causa do trauma racial continua a ser ativada e constelada em nossas vidas por comportamentos racistas – seja no nível político ou mesmo dentro de nossas igrejas. Nas notícias de hoje, há o anúncio da morte de 290 pessoas no Sri Lanka como retaliação de um grupo branco que tentou um assassinato em massa em Christchurch, Nova Zelândia, dois meses atrás. Vejo isso como outro momento de constelação de um complexo coletivo. Não podemos parar a dor do trauma sentida pelas famílias daqueles que foram assassinados nem mesmo a dor daqueles de nós que podem sentir o sofrimento desse assassinato sem sentido feito em nome da política.

O que podemos fazer pela cura cultural e coletiva?

Talvez uma segunda maneira pela qual possamos começar a abordar nossa cura seja aceitar que há alguns que não se importam com a cura de nosso trauma – cultural ou coletivo. Eles também podem não se importar com a cura de nosso oceano ou de nosso planeta. Temos nossas diferenças e não creio que possamos nos dar ao luxo de passar muito mais tempo discutindo com alguém, transformando alguém em Outro em defesa de uma diferença individual ou cultural. Acredito que aqueles que estão dispostos devem direcionar seu olhar para uma tarefa intencional de cura. Creio que viver uma vida com propósito pode nos ajudar na cura cultural.

O trauma do Holocausto Africano pertenceu a nós por muito tempo – séculos. Não iremos nem podemos esquecê-lo como parte de nossa cura cultural. Na verdade, ele é essencial para nossa cura. Também nunca o esqueceremos pois continuamos a viver na realidade do século XXI – a realidade de um racismo que foi criado e aumentado devido ao Holocausto Africano.

Barbara Fletchman Smith (2011), em *Transcending the legacies of slavery: A psychoanalytic view*, diz:

> Transcender os legados da escravização é uma questão difícil. Isso se deve à circularidade do trauma deixado para trás, mas é possível e necessário transcendê-lo [...] Transcender a escravização não significa esquecer ou recusar-se a saber (p. 105-106).

É de suma importância manter a memória coletiva da experiência cultural do Holocausto Africano. Os futuros filhos daqueles que vivem hoje merecem conhecer seu passado e como chegaram a viver as vidas que viverão. Acredito que abandonar o passado desacredita o futuro das gerações que estão por vir. Ao observar a história africana antes e desde a chegada à América, vemos que a diáspora africana sobreviveu por séculos e continuou a criar e recriar sua existência. O objetivo é sempre proporcionar uma vida melhor para os descendentes. Uma das maneiras mais poderosas de fazer isso é por meio de uma consciência consciente que mantenha um objetivo – proporcionar não apenas a sobrevivência física, mas também o cuidado com o espírito e o valor que o povo africano merece.

Outro motivo pelo qual não podemos esquecer nosso trauma é porque ele não apenas vive inconscientemente, mas também tem o poder de autonomia. Esse tipo de poder significa que todas as memórias racializadas arquetípicas e associativas, que se manifestam em nosso comportamento, retrocedem para a sombra, onde são esquecidas. Esse esquecimento é apenas temporário, pois as questões mais profundas que poderiam causar uma transformação do complexo racial e seu trauma não podem ser toleradas. Não ao ver isso. Não na discussão. Não na apropriação. Falar sobre o sofrimento de um holocausto dá menos espaço para o complexo racial se esconder.

Após o Holocausto Judeu, houve fotos de Auschwitz e outros antigos campos de concentração, filmes, discussões amplas e profundas, memoriais e muito mais para apoiar as palavras "jamais esqueceremos". Há um Dia Internacional de Lembrança do Holocausto em 27 de janeiro de cada ano. Aqueles que desejam esquecer ou afirmar que o Holocausto Judeu nunca ocorreu têm pouco poder para negar um evento culturalmente traumático como esse.

É apenas agora que começam a surgir lembranças de todos as milhões de pessoas africanas que morreram ao longo dos séculos devido ao Holocausto Africano. Embora um memorial nacional aos escravizados tenha sido inicialmente proposto no Congresso em 2003, o projeto de lei para criar tal memorial não foi aprovado. Talvez, como uma reconciliação, o Museu Nacional de História e Cultura Afro-Americana foi inaugurado em Washington, D.C., em 2016. Para aqueles que veem isso como uma homenagem desnecessária aos milhões de africanos e afro-americanos que morreram como resultado da escravização, eu diria que é apenas um começo muito pequeno em direção à nossa cura coletiva. A razão para uma cura tão prolongada tem sido a ausência de uma homenagem suficientemente sincera aos que sofreram dentro do grupo cultural. A tradição africana de conceber os mortos enquanto apenas um corpo deixado para trás, mas não o espírito, reconhece que todos os ancestrais devem ser honrados. O Holocausto Africano foi uma desonra para cada parte da cultura africana. O tempo para curar e refletir sobre essa cura consciente pode ser tão grande quanto o tempo de sofrimento vivido. Acredito que o tempo para a cura venha por meio da memória e de nossa disposição para lembrar. Na verdade, não apenas lembrar, mas também permitir o luto. Na escrita do meu último livro, passei meses presa em um sentimento de luto pelas mulheres ancestrais sobre as quais estava escrevendo (Brewster, 2018). Não podemos escapar do sofrimento, especialmente quando ele é de uma magnitude tão grande quanto a de um holocausto.

Como podemos alcançar uma cura de igual magnitude? Qual foi o maior sofrimento – em qual área da vida africana? Como medimos isso?

Não tenho certeza se consigo responder a qualquer uma dessas perguntas, mas acredito que devamos começar a fazer mais dessas perguntas para que ocorra uma cura coletiva mais ampla. Fletchman Smith (2011) diz:

> O legado mais duradouro da escravização é a estrutura familiar dominante moldada por ela. Não há como escapar do fato de que a escravização determinou como a família se formou no Caribe, e suas repercussões ainda estão conosco hoje. Os aspectos negativos dessa estrutura dominante não precisam persistir. Os problemas atuais na formação de casais e na criação e manutenção de famílias têm tudo a ver com o passado histórico do indivíduo e da sociedade. A escravização, por natureza, foi responsável pela introdução de um déficit no cuidado materno, combinado com a introdução de um medo excessivo na mente (p.xii).

A autora, uma mulher negra britânica de ascendência caribenha, aborda a questão principal conforme observa em suas funções como psicoterapeuta. Seu livro detalha o sofrimento de seus pacientes e permite que eles trabalhem dentro de um modelo cultural que promova a cura por meio do reconhecimento do trauma inicial de um complexo racial e de um evento arquetípico da escravização. Parece que, embora esses aspectos do trabalho clínico sejam estabelecidos como base, o analista clínico consegue ver claramente como o passado histórico dos pacientes influenciou suas vidas contemporâneas. Não se evita ver o impacto em seus pacientes. Dentro do trabalho clínico, todos estão envolvidos na relação real.

Na América, tivemos grande dificuldade em reconhecer o sofrimento das pessoas africanas gerado pelo holocausto. A negação foi de proporções épicas, e séculos se passaram com a sujeira sendo apenas jogada para debaixo do tapete. Por isso, trazer mais questões sombrias como essa negação para nossa consciência aplica uma sensibilidade necessária sobre como podemos começar a nos curar mais rapidamente. Não estou falando de alcançar uma completude ao trabalhar com complexo. Estou abordando a abertura das conversas sobre nosso material sombrio que continua a se esconder enquanto se manifesta publicamente em comportamentos racistas por meio da ativação do complexo racial.

Acredito que o reconhecimento de processos inconscientes, como o complexo racial, nos moveria de maneira teleológica em direção à cura. Não é melhor saber com o que estamos lidando? No trabalho clínico, um indicador significativo de mudança positiva é quando o cliente consegue começar a identificar seu próprio padrão de evitação e está disposto a ver seu próprio material sombrio inconsciente. O reconhecimento de tratar comportamentos com base em um complexo lança luz sobre como criar menos sofrimento pessoal. Sugiro isso como outra maneira de considerarmos a cura tanto em nível individual quanto coletivo.

Marco Iacoboni (2008), em *Mirroring people: The new science of empathy and how we connect with others*, diz que, na verdade, somos construídos para estar com o outro, estabelecendo relações emocionais. Iacoboni, ao escrever sobre a teoria dessas relações, diz:

> Minha teoria de como os neurônios-espelho se tornam a cola neural entre o próprio eu e o outro começa com o desenvolvimento desses neurônios no cérebro do bebê. Embora ainda não haja dados empíricos disponíveis, não é difícil de deduzir um cenário muito provável. O bebê sorri, o pai sorri em resposta. Dois minutos depois, o bebê sorri novamente, e o pai também sorri de novo. Graças ao comportamento imitativo do pai, o cérebro do bebê pode associar o plano motor necessário para sorrir e a visão do rosto sorridente. Portanto – pronto! Nascem neurônios-espelho para um rosto sorridente [...] De fato, segundo esse relato, os neurônios-espelho no cérebro infantil são formados pelas interações entre o eu e o outro (p. 34).

O autor faz a pergunta que muitos de nós fazemos – se estamos programados para a empatia uns com os outros, por que não nos damos melhor? Por que nos matamos e fazemos o outro sofrer com tanta consistência?

A resposta de Iacoboni (2008) é que há três razões para isso acontecer. A primeira razão é que "No fenômeno da violência imitativa, os mesmos mecanismos neurológicos que facilitam a empatia podem produzir sob circunstâncias e contextos específicos um comportamento oposto ao comportamento empático" (p. 288). O neurocientista afirma que embora "isso seja uma hipótese, é uma hipótese muito forte" (p. 269). Ele continua dizendo que, mesmo indo além da hipótese, a formulação de políticas e a economia da fabricação de drogas destinadas ao tratamento neurológico de pacientes prevalecerão sobre qualquer preocupação com a diminuição da violência coletiva.

A segunda razão que o autor apresenta para justificar o desinteresse em formulações de políticas públicas que seriam úteis no uso de descobertas e pesquisas neurocientíficas para reduzir a violência é que:

> Os neurônios-espelho são neurônios pré-motores e, portanto, são células que não estão realmente preocupadas com nosso comportamento reflexivo. De fato, comportamentos de espelhamento, como o efeito camaleão, parecem ser implícitos, automáticos e pré-reflexivos. Enquanto isso, a sociedade é obviamente construída sobre um discurso explícito, deliberado e reflexivo. Processos mentais implícitos e explícitos raramente interagem; na verdade, podem até se dissociar. No entanto, a descoberta neurocientífica dos neurônios-espelho revelou o que há de pré-reflexivo ao entender outras pessoas [...] As pessoas dizem que são movidas à tristeza ao assistir a um filme que provoca lágrimas; elas são movidas à alegria quando seu filho acerta um *home run* e comemora depois de passar pelas bases. De certa forma, elas são movidas de fato. Há algo como um contato físico quando orquestram movimentos em suas mentes ao observar alguém. As pessoas parecem ter a intuição de que "ser movido" é a base da empatia e, portanto, da moralidade (Iacoboni, 2008, p. 270).

O autor fornece uma terceira razão pela qual nossa rede de espelhamento falha em impedir de nos prejudicarmos mutuamente: "Verdadeiros encontros transculturais são realmente impossíveis devido à influência de sistemas de crenças maciças – religiosos e políticos – que continuamente negam a neurobiologia fundamental que nos une" (Iacoboni, 2008, p. 271). Essa terceira e última razão aponta para o fato de que o lugar físico em nós, devido à religião ou crenças, sobrepõe nosso instinto biológico de ter empatia pelo outro. Essa empatia que está conosco em um ambiente clínico, com a família que nos importamos ou ao ajudar um estranho, falha em emergir quando somos dominados pelo material do complexo de nosso inconsciente.

Como podemos trabalhar melhor com a neurociência ao considerar o complexo racial com suas emoções, força de vontade e traumas associativos?

Killing rage: Ending racism foi escrito por bell hooks em 1995, uma década de um medo "óbvio" da raiva negra. Essa emoção, a raiva, que tem produzido nos tempos atuais a criação de leis de crimes de ódio, é baseada na expressão irracional de violência raivosa contra o outro. No mundo de hoje, ainda estamos condicionados a uma ideia de raiva negra mesmo quando vemos mais negros sendo prejudicados pelas mãos de brancos. No mundo inconsciente e posteriormente consciente de um complexo cultural branco ativado pela rejeição àqueles que prejudicam crianças negras e por adultos que escapam da acusação, somos continuamente instruídos de que a raiva negra é inaceitável. A raiva branca, porém, é aceitável.

Hooks (1995) diz:

> A raiva dos oprimidos nunca é a mesma da dos privilegiados. Um grupo pode mudar sua situação apenas mudando o sistema; o outro espera ser recompensado dentro desse sistema. O foco público na raiva negra, a tentativa de trivializá-la e descartá-la, deve ser subvertido por um discurso público sobre a patologia da supremacia branca, sobre a loucura que ela cria. *Precisamos falar seriamente sobre o fim do racismo se quisermos ver o fim da raiva.* A supremacia branca é assustadora. Ela promove doenças mentais e vários comportamentos disfuncionais por parte de brancos e de não brancos. Ela é o perigo real e presente – não a raiva negra (p. 30).

Minha fala e escrita sobre o racismo dentro do contexto da psicologia junguiana e do complexo racial foram feitas porque confio em processos multidimensionais. Falar seriamente sobre o racismo importa tanto quanto reconhecer que a supremacia branca possui sua própria raiva e poder insidiosos. A projeção da sombra racial branca não reivindica nada além de privilégio – ignorância do sofrimento negro, ignorância de como curar, ignorância de onde buscar dentro de si mesmo a autocura que ajuda a todos os outros. Isso é o que precisa mudar. A cura vem porque podemos identificar o veneno. Esse veneno corresponde, em parte, aos medos e ansiedades projetados que recaem sobre o Outro africano. Essa é a sombra de um complexo racial cultural branco que sente a experiência do que Jung chamou de "irritante" sob a pele. Ele diz que os negros incomodam os brancos. Se isso é verdade, então aprenderam a aliviar seu desconforto aumentando seu poder e controlando todos os aspectos de nossas vidas. Sua raiva pode estar mudando de forma porque, nos últimos cinquenta anos, os ganhos econômicos e sociais dos afro-americanos têm sido motivo para a transformação da raiva, auxiliada pela política.

Um complexo racial cultural branco é mais capaz de manter seu poder devido à vivência da sua realidade inconsciente de "supremacia branca"?

Uma diferença entre os complexos raciais branco e negro é que o primeiro, ao emergir, pode ter a sutileza oriunda de séculos de entendimento de como usar seu poder da melhor maneira e nos lugares corretos. Um complexo racial negro emergente, com qualquer tom emocional que o acompanhe, historicamente, dentro do campo da psicologia, foi pronunciado como patológico. Não apenas um evento patológico, mas algo que não deveria demandar atenção empática.

Eu me pergunto se todos os anos de atividade inconsciente envolvendo os complexos exigem atenção completa e séria para que possamos começar até mesmo uma conversa mínima. Será que falta motivação ao complexo cultural branco, assegurado por séculos de senso de superioridade — um complexo de superioridade também por meio da associação? Sua emoção é de complacência?

Qual é o chamado trauma de um complexo racial cultural branco?

A psicologia junguiana foi aceita no coletivo americano por um número suficiente para fornecer práticas clínicas para centenas de analistas e psicoterapeutas. A prática comercial da psicologia tem crescido consistentemente e fornecido suporte psicológico para indivíduos, grupos e organizações de grande escala. Existem especializações para todos os tipos de questões e problemas. A questão que tentei fazer emergir da sombra para a luz é aquela que lida com o racismo. A conexão entre a sombra e o complexo racial, acredito eu, nos afastou de ter discussões de cura, valiosas e pacíficas considerações sobre como podemos trazer consciência para nossas vidas.

A cura cultural necessária para as pessoas africanas tem demorado muito tempo para vir. Ainda não está aqui e provavelmente não estará por um bom tempo. Nem todos estarão dispostos e desejosos de se importar com o trauma de séculos dos afro-americanos. Isto é importante lembrar. Aqueles que podem estar atentos à própria dor e à daqueles dentro de sua parentela cultural. As diferenças culturais existem e creio que Jung tenha visto e entendido isso de uma maneira que a América e a psicologia junguiana em particular têm sido relutantes em ver.

No entanto, se pudermos apenas vislumbrar um aumento em nossa consciência em relação a um complexo racial, assim como fizemos com todos os outros complexos aprendidos ao longo dos anos, teremos avançado mais profundamente no entendimento de nosso si-mesmo humano e divino. O ego, o inconsciente pessoal e o arquétipo terão encontrado um lugar para se espelhar mutuamente em um processo de cura, emergindo da sombra em direção à luz.

Reflexões finais

Inicialmente, meu interesse pelo tema dos complexos psicológicos surgiu logo após iniciar meu treinamento para me tornar uma analista junguiana. Antes disso, mesmo tendo passado por diferentes tipos de psicoterapia, não havia sido apresentada ao conceito de complexo nem sequer ao seu funcionamento. O termo se tornou familiar quando comecei meu trabalho analítico como analisanda da psicologia analítica, também conhecida como psicologia junguiana. Com base em minha experiência pessoal enquanto paciente que recebia psicanálise dentro do quadro psicológico junguiano, ao longo do tempo fiquei mais profundamente curiosa e engajada com as ideias de C.G. Jung sobre o complexo.

Em 1934, Jung, enquanto desenvolvia o que mais tarde se tornaria seu teste de associação de palavras, descobriu padrões de comportamento emocional com seus sujeitos. Esses padrões de reação foram agrupados de uma maneira específica, a qual ele acreditava ser respostas autônomas às palavras-estímulo que apresentava, originando-se do psiquismo.

Meu interesse nas teorias dos complexos psicológicos, derivada do trabalho de Jung, é moldado pelo meu desejo de aprofundar meu entendimento sobre o que são os complexos e como eles determinam nossos comportamentos humanos. Isso não se aplica necessariamente de maneira geral, mas de forma específica. Essa especificidade está relacionada à ideia de Jung da existência de um complexo dentro do contexto da etnia, das relações raciais e do racismo.

Embora não seja muito conhecido – acredito que isso seja verdade mesmo dentro da comunidade analítica junguiana – Jung falou diretamente sobre o que ele chamou de complexos negro e branco (americano). É importante frisar que ele falara de forma muito breve sobre o que chamo de complexo racial, pois esse conceito permaneceu basicamente oculto de nosso campo psicológico americano e especificamente da psicologia junguiana.

Isso é significativo porque a base de grande parte da psicologia junguiana gira em torno e se entrelaça com o trabalho terapêutico clínico, o qual envolve complexos que capturam tanto o analista quanto o paciente. Nenhum trabalho clínico junguiano prossegue sem um entendimento dos complexos psicológicos.

Acredito ser importante ver como Jung definiu pela primeira vez essa parte essencial da psicologia clínica junguiana. No entanto, é relevante observar que, na mesma época, também estava desenvolvendo suas ideias iniciais sobre o inconsciente e os seus processos. Do mesmo modo que nossa psique e inconsciente têm tantos elementos que podem ser desconhecidos para a consciência do ego, há a fluidez do inconsciente. Nossas definições precisam permanecer fluidas e sempre considerar o quão pouco podemos realmente saber sobre os processos inconscientes. Isso é dito com muito respeito por confiar na força do ego enquanto se tem a disposição de sempre ser um explorador, um nômade dentro do reino do inconsciente.

Jung diz o seguinte no texto *Considerações gerais sobre a teoria dos complexos*, escrito e palestrado pela primeira vez em 1934, sendo posteriormente publicado como parte de sua Obra Completa: "Hoje em dia podemos considerar como mais ou menos certo que os complexos são *aspectos parciais da psique dissociados*" (OC 8/2, § 204). Isso nos permite entender que nossos comportamentos, quando influenciados por um complexo, têm o que Jung definiu como "liberdade". Não possuímos complexos – na verdade, eles nos possuem.

Ao pensarmos na psicologia junguiana, vemos com que frequência o quão precisamos considerar a pequenez de nossos próprios egos em favor do poder muito maior do inconsciente como um todo. Podemos chegar a acreditar que a persona ou o ego representam a plenitude de como nos definimos. Envelhecendo mais no ciclo de vida, podemos realmente perceber que há mais na vida do que o ego apresenta. Acredito que isso seja a base da psicologia junguiana. Creio também que ter um entendimento mais profundo de nossos processos inconscientes – aqueles que são relevantes no trabalho clínico junguiano, como o entendimento de arquétipos, sonhos e complexos – enriquece a vida. Alguns até acreditam que trabalhar dentro do reino do inconsciente com as energias desses aspectos do exercício clínico junguiano nos permite ter uma vida espiritual. Compreendemos que mesmo tendo um ego forte para seus propósitos, os quais permanecem basicamente comida, abrigo, vestuário e extensões menores destes – permitindo gratificações do ego que podem incluir aprendizado, riqueza, o carro mais rápido – ainda podemos ser insatisfeitos. Nossa busca na vida não é apenas pelo material, mas por algo muito mais significativo, principalmente à medida que o envelhecimento continua. Esse é o lugar e o momento onde podemos nos tornar dispostos a mergulhar mais profundamente na compreensão de processos inconscientes como os complexos.

Quando comecei meu próprio trabalho clínico pessoal em psicologia analítica, não tinha ideia sobre complexos. Gradualmente, ao longo do tempo, meu analista me introduziu aos complexos pessoais. Além disso, comecei a ler mais profundamente os escritos de Jung e de outros escritores analíticos junguianos. A experiência do meu próprio trabalho clínico, que fez com que eu e meu si-mesmo emocional voltássemos mais para dentro, também proporcionou uma nova maneira de pensar em mim mesma como sendo sustentada por algo além do que era definido apenas pelo ego.

Em *O complexo racial*, espero expandir as ideias teóricas iniciais de Jung sobre o complexo para uma área mais ampla que inclui um complexo cultural – especificamente o complexo racial. Acho importante considerar a ideia simples e ao mesmo tempo muito complicada de um complexo. Quando Jung afirma, como fez acima, que os complexos são fragmentos que se desprendem de nossas psiques, o que isso significa? Como podemos pensar sobre esse conceito e essa ideia bastante esotérica, usando a linguagem do século XIX para nos ajudar a clarificar algo que nos envolve, que não é totalmente parte da consciência do ego e que tem a fluidez de partículas invisíveis de íons? Esse é tanto nosso desafio quanto nosso trabalho de exploração, muitas vezes doloroso, principalmente ao mergulharmos no exercício psicológico de lidar com complexos parentais, complexos de culpa e outros que talvez conheçamos muito bem, mas ainda assim, não conheçamos de todo.

A escrita deste livro, então, é voltada para ouvir uma voz interior que pode abordar esses lugares que geralmente estão na sombra. Complexos são, como Jung os chamou, "travessos e trapaceiros". Isso sugere uma ludicidade que pode estar presente enquanto os consideramos. No entanto, quero nos levar mais fundo na escuridão dos complexos à medida que trazemos luz à sua sombra como parte de nossa consciência coletiva.

Em minha discussão sobre complexos, desejo que olhemos não apenas para o complexo pessoal de raça ou etnia, mas também para o complexo racial cultural de grupo que nos une. Isso inclui ver o arquétipo da Sombra, o qual sugiro existir como uma característica central do complexo racial. A psicologia analítica sugere que cada complexo tem uma energia arquetípica central que promove sua influência sobre o próprio complexo. Acredito que o arquétipo da Sombra seja esse lugar central do complexo racial.

Entendo que até a sugestão de um complexo racial pode levantar sérias questões e dúvidas quanto à existência de tal complexo. Existem elementos que me aproximam do trabalho de Jung e elementos que nos separam. Já tratei sobre dois desses elementos em trabalhos anteriores (Brewster, 2017). Acredito ser importante tentar decifrar informações psicológicas fornecidas por aqueles que contribuíram muito para o campo da psicologia. Também acredito que Jung fez contribuições – muitas vezes desconsideradas – nas discussões dentro de nosso campo da psicologia. Acredito nele quando propôs e muitas vezes nos inspirou a seguir nossos sonhos, a seguir nosso mito – basicamente a seguir nossa paixão. Uma das minhas paixões é tentar mergulhar em uma consciência mais profunda que forneça informações para nossa cura psicológica como coletivo. Quando conseguir seguir de maneira discriminatória o caminho de Jung em ideias selecionadas, espero que isso me permita contribuir para o nosso bem-estar psicológico coletivo.

Jung falou do que intitulei como complexo racial muito antes que outros abordassem o tema dentro do campo da psicologia. Os pouquíssimos escritos históricos dos primeiros anos da psicanálise americana, nos quais outros falaram de um complexo de cor, foram discutidos.

Da mesma forma que sigo o exemplo de Jung para aprofundar nossa atenção voltada ao complexo, espero também desenvolver sua ideia inicial sobre o tema por meio de uma lente junguiana que esteja disposta a ver e a proporcionar maior clareza nas relações raciais e nas questões étnicas multiculturais que envolvem o racismo. Jung acreditava que nossos complexos – essas partes fragmentadas de nossa psique – se dividiam devido ao que ele chamava de "um suposto trauma".

Ao explorar nossos problemas sociais e psicológicos coletivos relacionados ao racismo, questiono quantos deles são devidos a complexos culturais raciais pessoais e coletivos não resolvidos. *O complexo racial* explora o trauma cultural, o paradoxo do racismo, o complexo racial no cinema americano e outras áreas de angústia psicológica percebida. Essas áreas estão relacionadas à raça e ao racismo em nossa sociedade. Desejo verificar se seguindo Jung em sua fundação teórica estabelecida por sua teoria do complexo, podemos encontrar uma maneira aprimorada de compreender e enfrentar os problemas raciais em nossa sociedade. Talvez haja uma forma, utilizando um linguajar anteriormente não falado – complexo

232

racial –, que possa melhorar nossa compreensão de como funcionamos em um nível inconsciente. Podemos descobrir que explorar nossos comportamentos negativamente orientados em relação à raça – como raiva, ódio e até mesmo assassinato – está profundamente ligado à ativação de complexos raciais. Proponho isso como uma continuação do fio de pensamento cuidadoso estabelecido por Jung há cem anos. Não vejo motivo para não retomar esse fio e começar a tecer e a adicionar mais cor e detalhes ao que ele propôs em 1934.

A psicologia junguiana espalhou suas sementes psicológicas na terra psíquica americana. Podemos não saber muito sobre a teoria dos opostos de Jung, mas podemos sentir a tensão emocional opositiva dentro de nós mesmos e quando estamos em desacordo com os outros. Procuramos e conhecemos o alívio dessa tensão, seja por meio da calma interior que segue grandes sofrimentos psicológicos ou por meio do alívio da pressão ao causar ou não causar dano ao outro.

Escrevi *O complexo racial: Questões raciais e culturais sob a perspectiva junguiana* porque desejo estender o trabalho de Jung iniciado há cem anos e ver onde podemos encontrar nossos si-mesmos psicológicos no século XXI. Fazê-lo aborda minha paixão e intenção de querer ver uma mudança na consciência que nos permita, como coletivo, ir além da cor da pele, dos impulsos tribais e do racismo, reconhecendo as diferenças enquanto enriquecemos nossa consciência por causa delas. Meus objetivos como escritora são pessoais, altruístas e esperançosos. Um dos principais princípios da psicologia junguiana é que devemos estar dispostos a experimentar tudo o que nos torna humanos. Isso inclui todo o sofrimento, o pessimismo, assim como todo o desejo por aquilo que a esperança pode trazer. Neste livro, discuti o paradoxo quase existencial do racismo, bem como uma possibilidade autêntica de cura racial. Não tenho respostas simples para as complicadas questões com as quais estamos envolvidos atualmente. Posso apenas ter mais perguntas – assim como você – e as faço na fé de que possamos ver um caminho para uma resistência psicológica mais profunda e esperançosa para os próximos cem anos.

Referências

Adams, M.V. (1996). *The multicultural imagination: "Race," color, and the unconscious*. Routledge.

Anderson, C. (2016). *White rage: The unspoken truth of our racial divide*. Bloomsbury.

Berg, A. (2014). Engagement with the Other: Reflections from post--Apartheid South Africa. In G. Gudaite, & S. Murray (Eds.), *Confronting cultural trauma: Jungian approaches to understanding and healing*. Spring Journal.

Brewster, F. (2017). *African Americans and Jungian psychology: Leaving the shadows*. Routledge.

Brewster, F. (2018). *Archetypal grief: Slavery's legacy of intergenerational child loss*. Routledge.

Carmichael, S. (2001). Black power: The politics of liberation in America. In E. Cashmore, & J. Jennings (Eds.), *Racism: Essential readings*. Sage.

Corbett, L. (1997). *The religious function of the psyche*. Routledge.

DeGruy, J. (2005). *Post traumatic slave syndrome: America's legacy of enduring injury and healing*. Joy DeGruy.

Dieckmann, H. (1999). *Complexes: Diagnosis and therapy in analytical psychology*. Chiron.

Du Bois, W.E.B. (2003). *The souls of Black folks*. Barnes & Noble Classics.

Fletchman Smith, B. (2011). *Transcending the legacies of slavery: A psychoanalytic view*. Karnac.

Fontelieu, S. (2018). *The archetypal pan in America: Hypermasculinity and terror*. Routledge.

Franklin, J.A., & Moss, A.A. (1997). *From slavery to freedom: A history of African Americans* (7. ed.). McGraw-Hill College.

Grier, W.H., & Cobbs, P.M. (1968). *Black rage*. Harper Collins.

Guidait, G., & Stein, M. (Eds.). (2014). *Confronting cultural trauma: Jungian approaches to understanding and healing*. Spring Journal.

Henderson, J. (1984). *Cultural attitudes in psychological perspective*. Inner City.

Hill, J. (2014). Dreams don't let you forget: Cultural trauma and its denial. In G. Gudait & M. Stein (Eds.), *Confronting cultural trauma: Jungian approaches to understanding and healing*. Spring Journal.

Hooks, b. (1995). *Killing rage: Ending racism*. Henry Holt and Company.

Hooks, b. (1999). *Remembered rapture*. Henry Holt and Company.

Iacoboni, M. (2008). *Mirroring people: The new science of empathy and how we connect with others*. Farrar, Straus and Giroux.

Jacobi, J. (1974). *Complex/archetype/symbol in the psychology of C.G. Jung*. Princeton University Press.

Johnson, A.G. (2017). *Privilege, power and difference*. McGraw Hill.

Joyce, J.A. (1996) *Ijala: Sonia Sanchez and the African poetic tradition*. Third World.

Jung, C.G. *Obra Completa (OC)*. Vozes.

Kimbles, S.L. (2014). *Phantom narratives: The unseen contributions of culture to psyche*. Rowman & Littlefield.

Kuhl, S. (1994). *The Nazi connection: Eugenics, American racism, and German national socialism*. Oxford University Press.

Levine, L. (2007). *Black culture and black consciousness: Afro--American folk thought from slavery to freedom*. Oxford University Press.

Levy-Bruhl, L. (1960). *How natives think*. Washington Square.

Lind, J.E. (1914). The color complex in the negro. *Psychoanalytic Review, 1*(4), 404-414.

Maher, M.J. (2012). *Racism and cultural diversity: Cultivating racial harmony through counselling, group analysis, and psychotherapy*. Karnac.

Maidenbaum, A. (Ed.) (2002). *Jung and the shadow of anti-Semitism*. Nicolas-Hays, Inc.

Menakem, R. (2017). *My mother's hands: Racialized trauma and the pathway to mending our hearts and bodies*. Central Recovery.

Meyers, J.L. (2009). Theoretical and conceptual approaches to African and African psychology. In H.A. Neville, B.M. Tynes, & S.O. Utsey (Eds.), *Handbook of African American psychology*. Sage.

Morgan, H. (2008). Issues of "race" in psychoanalytical psychotherapy: Whose problem is it anyway? *British Journal of Psychotherapy, 24*(1), 34-49.

Morrison, T. (2017). *The origin of Others*. Harvard University Press.

Neville, H., Tynes, B., & Utsey, S. (2009). *Handbook of African American psychology*. Sage.

Parham, H. (2009) Foundations for an African American psychology: Extending roots to an ancient Kemetic past. In H. Neville, B. Tynes, & S. Utsey (Eds.), *Handbook of African American psychology* (p. 3-18). Sage.

Samuels, A. (1985). *Jung and the post-Jungians*. Routledge.

Samuels, A., Shorter, B., & Plaut, F. (1986). *A critical dictionary of Jungian analysis*. Routledge.

Shorter-Gooden, K., & Jackson, L. (2000). The interweaving of cultural and intrapsychic issues in the therapeutic relationship. In L.C. Jackson, & B. Greene (Eds.), *Psychotherapy with African American women: Innovations in psychodynamic perspectives and practice*. Guilford.

Six women's slave narratives. (1988). Oxford University Press.

Stein, M. (Ed.). (1996). *Jung on evil*. Princeton University Press.

Stein, M. (2010). *Jung's map of the soul: An introduction*. Open Court.

Stetson, E. (1981). *Black sister: Poetry by black American women, 1746-1980*. Indiana University Press.

Takaki, R. (2008). *A different mirror: A history of multiculturalism in America*. Little, Brown, and Company.

Ulanov, A.B. (2002). Scapegoating: The double cross. In A. Maidenbaum (Ed.), *Jung and the shadow of anti-Semitism*. Nicolas-Hays, Inc.

White, J., & Parham, T. (1990). *The psychology of Blacks: An African--American perspective*. Prentice-Hall.

Índice

A

Adams, M.V. 14, 210
África do Sul 129, 143
Alemanha nazista 111
Ambiente educacional racista 72
Amnésia inconsciente 47, 79
Anderson, C. 155
Anderson, M. 93
Angelou, M. 135, 189
Antissemitismo 109
Antissocialismo cultural 148
Antropologia negativamente
 racializada 129
Apropriação cultural 128
Arquétipo 99
 da Sombra 19, 22, 42, 231
 do Si-mesmo 24, 28, 29,
  41, 42, 135
 universalidade de 100, 104
Arquétipos 229
Arte 186
Associação Americana de
 Psicologia 102
Atos racistas negativos 48
Autoconhecimento 208
Autodesvanecimento 57

B

Baraka, A. 135, 179, 180
Berg, A. 129, 143
Bode expiatório 109, 110
Brooks, G. 178, 181

C

Carmichael, S. 136
Cartwright, S. 103
Coates, T. 138
Cobbs, P.M. 145
Coletividade 126
Colombo, C. 131
Comentários raciais negativos 44
Complexo
 branco 15, 45, 228
 carregado de emoção 29
 cultural branco 155
 cultural e racial branco 63
 de cor 210
 de culpa 13, 43, 213
 de dinheiro 43
 de Édipo 153
 de superioridade 225
 materno 163, 199, 200
 materno negativo 163

negro 15, 74, 116, 139,
211, 228
racial branco 63, 92, 225
racial coletivo 79
sexual 43
Complexo cultural
aspectos 55
Complexo racial
e sombra 226
formação nas crianças 67
Jung e 43, 210
negativo 107
núcleo arquetípico 106
positivo 107
tentar esquecer 50
teorias subdesenvolvidas 50
Complexos 13, 23, 113, 185, 227
aspectos comportamentais 114
aspectos emocionais 114
ativação 30, 32
características 113
comuns 41
consciência do ego 27
conscientização consciente 75
controle sobre 36, 46
culturais 14, 22, 82, 86,
150, 173, 230
definição 41
dissociação causada por 31
emotividade 56
família 37
familiares 38
ineducáveis 35

Jung sobre 13, 29, 31, 41,
42, 48, 52, 79, 113, 229
medo de 35
na psique 23
natureza diabólica 51
origem 41
parentais 13, 43, 67
patologia de 121
patológicos 119
raciais culturais 45, 47, 52,
58, 78
sutis 156
teoria de Jung 29
toda a vida 34
tornar-se consciente 52
vontade própria 46
Comportamento
cultural 22
emocional, padrões de
reação 227
mudança em nosso 35
Comportamentos negativamente
orientados 233
Compreensão cultural
branca 147
negra 147
Concepção de raça, processo de
desenvolvimento relacionado
à idade 66
Consciência
cultural africana 83
de grupo 85
do ego 27, 31, 40, 48, 56,
87, 228
do grupo cultural 212

Constelações 216
   culturais 81
   definição 81
   eventos catastróficos 86
   históricas 88
   Jung sobre 81
Construto racial negativo 49
Contágio racial 63
Contratransferência 151
   cultural 165
Corbett, L. 104
Corra! (filme)191
   alternativas 201
   complexo materno 199, 200
   final alternativo 198
   paranoia cultural 192, 193
   polícia 203
   sombra da escravização 199
   visão 202
Cura 120, 188
   cultural e coletiva 215
   psicológica 25

D

Davis, A. 181
DeGruy, J. 71
Depressão cultural 148
Diáspora africana 172, 215, 217
Dieckmann, H. 38, 76, 114, 117, 119, 120, 153
Discriminação racial 50, 147, 163
Dor intergeracional 78
Du Bois, W.E.B. 116, 139

E

Eady, C. 66
Ebonics 180
Ego 27, 37, 120, 209, 226
Escravizados e escravização 47, 58, 60, 69, 71, 77, 82, 87, 88, 103, 115, 139, 141, 217, 218
Etnia 14, 46, 85, 130, 153, 205
Eugenia 110
Eventos
   catastróficos 86
   raciais traumáticos 78
Exploração cultural 87

F

Fletchman Smith, B. 217, 219
Fontelieu, S. 121
Freud, S. 35, 42, 45, 159

G

Galton, F. 110
Giovanni, N. 178, 182
Greene, B. 162
Greenson, R. 164
Grier, W.H. 145

H

Hill, J. 144
História ancestral 134
Holocausto Africano 52, 60, 82, 121, 168, 217
Holocausto Judeu 83, 144, 218
Hooks, b. 187, 188, 223
Hughes, L. 135, 179
Humanidade suprimida 57

I

Iacoboni, M. 221
Inconsciente 24, 37, 45, 87, 116
  coletivo 24, 25, 26
  definição 39, 124
  e cultura 133
  Jung sobre 39, 124
  pessoal 24, 25
Inveja 74
Invisibilidade
  dor de 53

J

Jackson, L.C. 162, 166
Jacobi, J. 100
Janet, P. 30, 42
Jefferson, T. 178
Johnson, A.G. 146
Jones, L. 179
Joyce, J.A. 180, 183
Jung, C.G.
  A natureza da psique 25,
    31, 41, 124
  antissemitismo 108
  A psicologia da
    transferência 160
  As complicações da
    psicologia americana 13,
    44, 63, 174
  Aspectos psicológicos do
    arquétipo materno 38
  cinco estágios de
    consciência 14

complexo negro 74, 139,
  211, 228
Comportamento negroide
  e indígena 174
Considerações gerais sobre
  a teoria dos complexos
  29, 42, 229
e complexo racial 13, 43, 210
hierarquia de inteligência 14
linguagem racializada 17
Memórias, sonhos,
  reflexões 90
principais preceitos 17
sobre arquétipos 99, 100
sobre complexos 34, 35,
  41, 42, 48, 52, 79, 229
sobre constelações 81
sobre o inconsciente 39, 124
sobre o povo africano 14
sobre os afro-americanos 174

K

Kimbles, S. 13, 47, 78, 150, 152
King, M.L. 97
Kuhl, S. 111

L

Levine, L.W. 138
Levy-Bruhl, L. 128
Lind, J. 50, 210
Luto
  surgimento do 171
  transformação em arte 186

M

Maher, M.J. 165
Maidenbaum, A. 108
McCollough, L. 189
Memória racial 134
Menakem, R. 149
Meyers, L.J. 123, 131
Morgan, H. 15
Morrison, T. 137, 154, 181

O

Obama, B. 212
O nascimento de uma nação
(filme) 92
Opostos
equilíbrio 102
paradoxo 211
tensão de 207
teoria dos 59, 78, 153, 155,
207, 233
Opressão 87
Outro 46, 49, 56, 59, 153
branco 74
inferioridade 130
negro 118, 212

P

Panteras Negras 178
Paranoia 212
branca 213
cultural 148, 192, 193, 212
Parham, T. 100, 132, 170
Participação mística 126
Pearson, Roger 111

Peele, J. 191
Pensamento africano 100
Pensamento literário 172
Poesia 179
Polícia 118
Preconceito racial 72, 77
e criança 77
Preta, a cor 176
Prince, Mary 185
Privilégio branco 62, 91, 121
Processos de grupo 54
Projeção 163
da sombra 106, 108, 224
Psique
atividade 39
complexos na 23
fragmentação da 32
tentativa de equilibrar a
consciência 208

Q

Queixa
emergência da 171
jornada 171
transformação em arte
186

R

Raça 66, 85, 130
construção social 132
paradoxo de 205
psicologia analítica e 14, 17
Racismo 22, 47, 52, 58, 71, 120,
224, 232

África do Sul 129
coletivo 59
confronto 117
construção de 77
continuação inconsciente
de 117
definição 136
herança coletiva 209
paradoxo de 205, 234
persistente 168
sintomas de 61
trauma de 51
Raiva negra 223
Raiva projetada 71
Reconhecimento da raça 85
Relações de poder 15
Relações raciais 45, 48, 209
processos de grupo 54
Roof, D. 77
Roosevelt, F.D. 94
Rótulos raciais 67
Rush, B. 102

S

Sanchez, S. 178, 183
Sharpe, G. 177
Shorter-Gooden, K. 163,
165, 166
Síndrome pós-traumática do
escravizado 78
Sofrimento 189, 208, 219, 233
cultural histórico 169
emocional 53
psicológico 23

Sombra 25, 45, 105, 220
e o complexo racial 226
Jung sobre 105
racial branca 224
Sonhos e trabalho com sonhos
23, 106, 152, 166, 176, 231
Stanley Hall, G. 102, 103
Stein, M. 107, 127, 191
Supremacia branca 224

T

Takaki, R. 142
Tradição africana 170
Transferência 159, 208
cultural 162, 167, 170
Trauma 32
afro-americano 68
causas 215
cultural 47, 78, 87,
141, 232
cura 215
emocional 50
experiência de grupo 141
histórico 60, 135
infância 32
inicial 65
memória 79
psicológico 79
recorrente 150
Trump, D. 74, 121

U

Ulanov, A.B. 108, 109

V

Valor cultural, hierarquia de 130
Valor próprio 59
Vergonha 57
Voz negra 180

W

Walker, A. 181
Walker, K. 181
White, J. 170
Wilberforce, W. 177
Wright, R. 179

Conecte-se conosco:

f facebook.com/editoravozes

⊙ @editoravozes

𝕏 @editora_vozes

▶ youtube.com/editoravozes

☎ +55 24 2233-9033

www.vozes.com.br

Conheça nossas lojas:
www.livrariavozes.com.br

Belo Horizonte – Brasília – Campinas – Cuiabá – Curitiba
Fortaleza – Juiz de Fora – Petrópolis – Recife – São Paulo

  Vozes de Bolso

EDITORA VOZES LTDA.
Rua Frei Luís, 100 – Centro – Cep 25689-900 – Petrópolis, RJ
Tel.: (24) 2233-9000 – E-mail: vendas@vozes.com.br